内米洛夫斯基作品集

契诃夫的一生

La
Vie
de
Tchekhov

〔法〕伊莱娜·内米洛夫斯基 著

陈剑 译

人民文学出版社
PEOPLE'S LITERATURE PUBLISHING HOUSE

图书在版编目(CIP)数据

契诃夫的一生/(法)伊莱娜·内米洛夫斯基著；陈剑译.—北京：人民文学出版社，2018
(内米洛夫斯基作品集)
ISBN 978-7-02-014108-1

Ⅰ.①契… Ⅱ.①伊…②陈… Ⅲ.①契诃夫(Chekhov, Anton Pavlovich 1860-1904)-传记 Ⅳ.①K835.125.6

中国版本图书馆 CIP 数据核字(2018)第 063960 号

责任编辑	甘　慧　何炜宏　郁梦非
装帧设计	钱　珺

出版发行	人民文学出版社
社　　址	北京市朝内大街 166 号
邮　　编	100705
网　　址	http://www.rw-cn.com
印　　刷	山东德州新华印务有限责任公司
经　　销	全国新华书店等
字　　数	127 千字
开　　本	787×1092 毫米　1/32
印　　张	5.75
插　　页	2
版　　次	2009 年 1 月北京第 1 版
印　　次	2018 年 10 月第 1 次印刷
书　　号	978-7-02-014108-1
定　　价	32.00 元

如有印装质量问题，请与本社图书销售中心调换。电话：010-65233595

目录

月亮一般的契诃夫（序一） 001
……………………………………………………… 袁筱一
内米洛夫斯基虚构世界里的真实人物（序二） 001
…………………………………………… 让·雅克·贝尔纳
契诃夫的一生 001

月亮一般的契诃夫(序一)

袁筱一

《契诃夫的一生》的结尾是在高尔基的回忆中展开的。那是一九一四年,高尔基想起了十年前契诃夫去世时颇具荒诞意味的葬礼。人们以为火车运回的是从满洲来的凯勒尔将军的棺材,参加葬礼的人群几乎与契诃夫没有任何关系,而且还奏起了军乐。有人在"谈论狗的智力",有人在"炫耀自己的别墅如何舒服,附近的风景如何美丽"。——一个典型的昆德拉善用的场景,看了让人心凉,可就在心凉得似乎没有了希望,要坠入虚无里时,伊莱娜·内米洛夫斯基却是笔锋一转,用了温暖来结尾。她写道:"然而,在无动于衷的人群里,契诃夫的妻子和母亲紧紧地偎依着,相互搀扶。在这个世界上的所有人当中,契诃夫曾经真正深爱过的,惟有她们俩。"

是看到这里,要合上书页之时,才能真的明白,什么是"混合着玩笑、伤感和平静的失望",什么是"水晶一般的冷漠"。在疲惫和孤独的背面,始终希望能够捕捉到一丝让这个世界亮起来的清美的光辉——这是伊莱娜·内米洛夫斯基笔下的契诃夫,也是伊莱娜·内米洛夫斯基自己。

他不完全是我们先前所了解的,作为文学史里一个词条的契诃夫。那个所谓与莫泊桑、欧·亨利并驾于短篇小说领域的契诃夫。戏剧家契诃夫。《凡尼亚舅舅》《海鸥》《樱桃园》的作者。中国的读者也许多少还熟悉他的《第六病室》，因为这样的作品，日后苏维埃的文化理念也毫不犹豫地接纳了没有能够活到革命来临的契诃夫。

而伊莱娜让抽象的契诃夫成为一个活生生的人物，一个契诃夫用一生塑造却没能使之跃然纸上的人物。

一个远离传奇的契诃夫。因为普通，所以沉重而悲伤。他有黯淡、贫穷的童年，在一个叫做塔甘罗格的小城，"无精打采，昏昏欲睡"，因为"关闭了自己的耳朵，隔绝了外界的动静"。只有暴君父亲带来令人胆战心惊的声响，有时——是极少的时刻——也会带来令人愉悦的小提琴声和歌声。惟一值得安慰的是，尽管生活艰辛，这位赎身农奴出身的暴君父亲却尽量让孩子们能够受到教育。因而契诃夫还拥有同样才华横溢，然而同样摆脱不了悲惨命运的兄弟。

是因为童年，以及童年带来的一生挣扎，那种深入灵魂的困窘，契诃夫能够准确地描绘俄罗斯农民的灵魂状况吗？他不带有自上而下的同情，而是真的站在他们的身边，体会到他们"残酷、野蛮、无情和悲惨"的生活，体会到他们对"好好活着"的迫切需求——而不是什么"自由"。"知识界"一贯擅长的所谓理想化的善良淳朴在农民真正的灵魂状况前显得如此苍白。

然而也许同样是因为童年，契诃夫在写到"中产阶级以上"的阶层时，总是有那么一点力不从心。伊莱娜·内米洛夫斯基的尖锐有时的确令人疼痛。在她看来，某一个时期里曾经试图模仿托尔斯泰的契诃夫是失败的。契诃夫和伟大的托尔斯泰不同。托尔斯泰的高贵、激昂和因为对幸福、信仰的追求而造成的大喜大悲，契诃夫终其一生也无法体验。但是契诃夫是一个"生来公正、高尚、善良的人，而且从不停歇地尽力使自己变得更好，更温和，更可爱，更耐心，更乐于助人，更无微不至"。他是个医生，他有医治人类伤痛的欲望。但是与生俱来的、带有反抒情性质的悲观主义让他非常明白，对于人类真正的伤痛，他无能为力。因而他的态度是温和而苍凉的，有时带一点微微的嘲讽。在生命就要走到尽头的时候，伊莱娜·内米洛夫斯基带给我们的契诃夫说，我的灵魂倦了。他咳血，身体和灵魂都已经不堪重负，但是，就在这样的时刻，伊莱娜说，他仍然"没有一刻想过逃避自己的责任"。

我们必须承认，这个普通的契诃夫却能够击中我们内心深处最柔软的部分。他的向往——有的时候是对金钱，对能够承担家庭责任的最普通的向往，他的妥协——有的时候是不敢确立自己独特的存在之前那种惶惑不安的妥协，还有他的孤单——有的时候，即便在如潮的欢呼声和温柔的爱情中他还是如此孤单，这一切都令我们感到某根神经被撩拨得疼。我们会想起自己的孤单时刻，即便不是在高处，即便不认为自己承载了人类的命运，我们为什么还会如此孤单呢？谁说只有伟大的人才有资格忧伤？但是我们发现，在民族背负的沉重命运下，对于自己无能为力的清醒和总是要做点什么的努力构成了一种奇怪的光辉。我们似乎能够理解到为什么契诃夫会买下那块荒芜冰冷的土地，满怀欣喜地打扫院子、种植玫瑰，他的所谓"美化、建造、升华"。

伊莱娜借用批评家布宁的话说，"即使在最亲近他的人当中，也没有一个人曾真正了解他灵魂深处的全部想法"。或许他并不想让别人了解，为了保护好自己随时都有可能迷失和绝望的灵魂。他的致命的温柔也是一种武器，当读到契诃夫半是讽刺、半是严肃地写道："我也挺想结婚，但请给我一个月亮般的妻子，不会总出现在我的地平线上。"我们应该能够想象到他猫一般的孤单本性了。的确，在外貌的描写上，伊莱娜也没有漏过阴柔的一点："清癯英俊的面庞，消瘦的脸颊，浓密的头发，淡淡的胡须刚刚显现，嘴角的褶皱透出严肃与忧伤，他的目光是那么与众不同，仿佛具有敏锐的穿透力，同时又温柔而深沉，他的神态谦逊，那是一种年轻女子般的神态……"

只是，在一边建构着意义的同时，契诃夫的灵魂深处是绝望的。在十九世纪末到二十世纪初俄罗斯所历经的种种灾难中，加上缺乏自暖的动力（例如，托尔斯泰式的宗教信仰），契诃夫的灵魂从来没有暖起来过。何况他缺少时间。作为普通人，我们总像是在被历史的火车追赶着，气喘吁吁，契诃夫也不例外。他的人生和他的写作是一样的进程："开头总是满满当当的许诺，……中段便变得皱巴巴怯生生，到结尾……烟花一场。"

烟花一场的契诃夫却没有让伊莱娜失望，虽然为先前我们的阅读所忽略，但他的一生所提供的素材足以让伊莱娜勾勒一个完整的、亲切而令人动容的人物。关键是，走近这颗灵魂，对于伊莱娜·内米洛夫斯基——连同此时的我们——几乎是一件再自然不过的事情，就像走近我们的兄弟姐妹。我们丝毫不用怀疑伊莱娜与"安托沙"之间的亲缘关系，他仿佛是她的一个哥哥，在年少时也可能讨厌她的纠缠——就像亚历山大讨厌"安托沙"一样，但是他们分不开，因为他们的灵魂为彼此留了一扇窗，留了让外面的光线照亮一个世界的可能。

是的，伊莱娜·内米洛夫斯基身上也背负着同样的苦难，而她和契诃夫一样从来没有抱怨过。借助《法兰西组曲》渐渐重新回到我们阅读视野中的伊莱娜也许能够通过《契诃夫的一生》告诉我们一些关于她自己的故事：她对于芸芸众生"清醒的同情"，她小说中通过普通人物的眼睛看到的历史场景，她对于细节的喜爱，她对于英雄人物的畏惧和嘲讽，她那略显残忍的冷静（这也是她有时会遭受指责的原因），以及她在清醒地意识到自己无能为力的同时所做的，属于自己的努力。那一切，在她感受生活之前的半个世纪，契诃夫都曾经体验过。她同样擅长冷静深入的分析与温暖美丽的细节相对照。甚至，在坚强、善良的灵魂之外，他们的身体也都一样羸弱。

从时代的角度而言，伊莱娜·内米洛夫斯基和契诃夫其实相距并不算很远。如果契诃夫不是那么早离世，他们甚至有彼此相遇的可能。在他们错过的这几十年里，俄罗斯仍然没有摆脱动荡的命运：日俄战争的失败、大革命的狂风骤雨、第一次世界大战的疯狂……伊莱娜·内米洛夫斯基和父母亲一路颠簸，想要躲避所谓大写的历史的追迫。如果伊莱娜是在逃亡的路上发现莫泊桑的，那她是在什么时候发现契诃夫的呢？

更大的灾难来临之时，伊莱娜倒是没有再选择逃亡。她被法国宪兵带走，从此杳无音信。我们仿佛看到的是契诃夫最后那个轻轻推开妻子的手势，他说，"没人把冰块放在空洞的心口"——难道坦然接受是对于命运最好的反抗吗？

或许，如果灵魂彼此已经重叠到没有缝隙的程度，任何形式意义上的相遇都不再重要。这话也应该送给译者——我想，这个

"混合着玩笑、伤感、平静的失望"的契诃夫是属于契诃夫自己的人物,是属于伊莱娜·内米洛夫斯基的人物,也是属于译者的人物。月亮一般的契诃夫不需要总是出现在我们的"地平线上"。只有在灵魂没有目的、不时刻相随的彼此接近中,我们才知道,这个世界还有不把我们送入疯狂的希望。

内米洛夫斯基虚构世界里的真实人物（序二）

让·雅克·贝尔纳／文　陈剑／译

一九四二年七月，伊莱娜·内米洛夫斯基在涅夫勒省的小镇伊西-勒维克被捕。

她被投进皮斯比尔营，不到几天，即遭流放。

从此音讯全无。

四个月后，她的丈夫及两位小叔被逮捕。他们亦被流放，就此消失。

伊莱娜·内米洛夫斯基遗下两个女儿。她们的悲剧，正是成千上万悲剧的写照。欧洲遍地是孤儿……然而，应该说：伊莱娜是幸运的，至少她的孩子们活了下来，与那些失去儿女的幸存者相比，她已算是颇得上天眷顾。

如今，须付出一番努力才得以重现真实。恐怖已是如此寻常，以致很多人觉得它索然无味：一些人出于本能地逃避它，不愿面对；另一些人则由于同情心过度操劳，趋于麻木。

迷人的智慧，优雅的艺术家气质，这样一个卓尔不群的女子在波兰或西里西亚遇害，不过是一条不甚了了的社会新闻。成批成批的生命被赶尽杀绝。受害者是六千万名抑或六千万零一名，并没有多大差别，从罪行的深度看来，那都是无底的深渊。为其中哪一名受害者哭泣，都将顾此失彼，有欠妥当：最默默无闻的死者，也应得到最显贵的待遇。

但是，请允许我们向这位女子致以一份特别的注目，一份追加的哀思。

伊莱娜·内米洛夫斯基没有让她的仰慕者们空手而归。直到生命的最后一天，她依然在写作。她的作品并未随着她的离去而中止。一些珍贵的手稿，加上已经出版的著作，巩固了她在文学中的生命。在她的避难所尼韦内，她在酝酿一部反映俄罗斯生活的组曲式长篇小说，可惜如今留下的，只有断卷残篇；但我们会看到，一部完整的小说《世间的财富》以及两三卷中短篇小说即将出版。不管怎样，在她猝不及防地消失之际，伊莱娜·内米洛夫斯基的虚构世界里，却出人意料地出现了这么一个真实的人物：安东·契诃夫。

他的出现再突兀不过；如果说，伊莱娜·内米洛夫斯基的文字世界纯属虚构，他则是着实罕见的一个活生生的人。她一直都避免描述现实中的人物，避免书写真人传奇。但是，倘若我们承认她笔下的人物都并非真实，可他们却又何其真切！这正是重点所在。无论是财大气粗的生意人，歇斯底里的年轻姑娘，还是命途多舛的小伙子；无论是狂躁的大卫·格德尔，《孤独之酒》中不安的伊莲娜，《盘中棋》里年轻的克里斯朵夫，还是《狗与狼》中脆弱的亚达，抑或是在激动人心的短篇小说集《有声电影》当中的那些女主人公们，所有这些人物，经由这样一个绝顶聪明、热情洋溢的头脑创造出来，深深扎根在人类的厚实土壤里，沉浸在生命、活力和激情当中，他们就是你我身边苦乐参半的兄弟姐妹……这便是名副其实的艺术转移。伊莱娜·内米洛夫斯基在不到十五年的实际创作时间里，给我们留下了一座众生万象的华丽长廊，而它们的根基，正源自这百态人生。

我们可以从她的作品中抽出某些主题：在西方国家的流亡以及与生活的抗争。生于基辅，伊莱娜背井离乡，来到法国。她笔下的许多主人公都经历同样的转折。与她一样，他们中的许多人来到我们的国家，在这里生活、抗争、吃苦。他们的遭遇出自于她本人的经历。在多少部小说中，我们都能够发现，她童年时代乌克兰的城乡气息，以及她年轻时代在我们首都的生活氛围！……

源自生活的剧幕，在她的创作中得到了普化。然而，戏剧般开始的人生，却以悲剧告终。伊莱娜生于东方，却在西方赴死。未能生活在出生的土地，亦无法死在亲切的国度。在这两个国家之间，却铭刻下了这样一个短暂而绚烂的生命：一位年轻的俄裔女子，在法语的灿烂书卷上，贡献了增光添彩的篇章。她在我们的国家生活了二十年，让我们将她作为一位法国作家，为之哭泣。

* * *

契诃夫的戏剧作品在如今的法国已是众所周知。但长久以来，他对我们而言还只是一个遥远的名字。极少有作品会给导演带来如此微妙的困难。当斯坦尼斯拉夫斯基剧团到巴黎演出《樱桃园》时，尚是一项前无古人的创举。此后，乔治·比托叶夫为我们展示了《凡尼亚舅舅》《海鸥》《二姐妹》这些契诃夫作品是怎样一种节奏。后无来者。比托叶夫领悟了契诃夫式点画法的奥秘，从一种缓慢而有条不紊、难以言喻的层层包裹中，凸显出深刻的人性。由此，向我们生动地演绎了这样一种极为精致，极为个性化的剧作艺术，既具俄罗斯特色，又属于全人类，这位伟大的艺术家有着俄裔血统的优势，因而得以用法语来思考俄罗斯人。比托叶夫成功地诠释了契诃夫的戏剧，而伊莱娜所做到的，乃是诠释他的人生。

出于同样的理由：生在俄国，但长在法国，她已如此深刻地融入了这个成为家园的国度，因此在她所写的作品中，丝毫看不出她的异族血统。然而，在内心深处，她依然不由自主地将同情给予出生的国家，给予那里的人民和事业。面对契诃夫的胸怀，她犹如高山仰止。她无需再转换题材，只要打开心扉即可。正如安东·契诃夫向我们讲述《三姐妹》或《凡尼亚舅舅》的故事，正如乔治·比托叶夫与柳德米拉·比托叶夫将它们鲜活地搬上舞台，伊莱娜·内米洛夫斯基向我们讲述了安东·契诃夫。

不过是一串串相同的公式罢了，如果我们敢将人生称为公式。同样的笔触前后相接，但每一笔都在成就一个总体的印象。同样的细节看似无关紧要，但每一个都并非徒然。这就是生活的节奏。这就是人生缓慢而痛苦的缠裹。读者，和观众一样，都是在不知不觉地被一只轻柔的手所囚禁、劫持进日常生活的美梦当中。通常他不会意识到这一点。只是有时候会稍作抵抗。但迷药是不可抵挡的。它的诱惑以难以察觉之势产生效力。最微不足道的细节宛如微风拂面般轻柔，却是无所不至的触角。这就是契诃夫笔下中产阶级的悲剧。他自己的人生，而今由一位能将他的母语和我们的语言说得同样出色的女人讲述，为我们重现一个真实的他，他的欢乐，他的痛苦，他的希望，他的遗憾，他一生中非凡的人道主义情怀。

比托叶夫认为，契诃夫的戏剧中没有一处是多余的。最细小的事件也致力于体现生活，而契诃夫的每一笔都绝非无缘无故。改动一个动作，就是背叛了他所运用的缓慢包裹之法，而他正是通过这种包裹，向我们呈现出活生生的生活。也许我们会觉得，这样的忠实原著太过火了。事实上，一个导演在处理文本时若没有出现变形的倾向，那简直是惊人的。但比托叶夫有时候就是这样惊人。

这一构成契诃夫戏剧特色的细节完美主义，也在他的小说中尽显无遗。相对来说，他的小说在法国还远不如戏剧那样为我们所知。他的每一篇小说都是一出小小的戏。有一些只在短短几页纸上，浓缩出一部精雕细琢的微型戏剧。我们多么希望，能有具备伊莱娜·内米洛夫斯基这般水准的作家，为我们呈现出不负所托的翻译作品。

至少从此，我们得以弥补对契诃夫一生的了解。我衷心提议读者们和我一样，走进契诃夫的人生：深入一个如此非凡的生命，一个我们爱戴却不曾了解的心灵。读者不会在这场发现之旅中看到所谓内幕揭秘。一个人的日常生活被了解，并不见得就是被贬损。在相当多的传记和回忆录中，曝光甚或中伤都占有一席之地！传记作者似乎是通过拆解偶像，揭露其或许隐藏在天才外衣下的小人本质来体验一种隐秘的快感。这是相当肤浅的游戏。天才当然隐藏着成百上千的弱点。它们是他的代价，他的苦难。但天才也正是从自身的弱点中汲取养分。他时不时地靠着这些肥料结出丰硕的果实。传记作者往往本身正是小人，所以频频出于本能地展示天才的肥料而非果实。他却没有动用脑袋想一想，读者其实既喜欢轶事也喜欢绯闻。穿着拖鞋的伟大人物一样要承受人人必经的琐碎，同时还要负担自己独有的那份痛苦。贬下凡俗的恶意取乐，夺人眼球的广告效应，这就是大部分野史惯用的伎俩。

这本书则绝非如此。呈现在我们眼前的这个人，并没有因其不幸的身世而遭到贬低。穷困潦倒，拖家带口，体弱多病，安东·契诃夫的一生历尽坎坷。其中艰辛，被朴实的语言一一道来，没有华丽的词藻。他生于苦难，长于苦难。过去，我们只因他的作品而爱戴他，崇拜他。如今，我们对他的爱戴和崇拜将更进一步。这应归功于这本传记。它在世界文学的历史上铭刻下了动人的篇章。经由伊莱娜·内米洛夫斯基，契诃夫将令我们感到更加亲切，也更容易接近。

如果说他是我们的榜样，那并不仅仅在于他的作品，而同样也在于他的人生：勇敢、顽强与勤奋的榜样。诚然，除了物质上的困难，他的起步都相对顺利。他二十六岁业已成名，并很快就家喻户晓。他最初开始写小说时只是玩玩。但他对自己何其严格，也何其不自信！甚至踌躇着不肯署上自己的名字。他需要有人给予他鼓励，帮助他相信自己。我们欣喜地看到，格利果罗维奇在一八八六年给他写了一封漂亮的信，而他则动情地回了信。这一举动着实影响了这个年轻的作家，促使他更深刻地认识到自身的价值，也许，也帮助他开始了自我修炼。年过六十五岁的格利果罗维奇被偶然读到的一篇契诃夫小说所打动，他看出这个才华横溢的年轻人身上可贵的素质和长远的前途，但也意识到他作为一名新手，很可能会不惜代价、不加选择地大量生产。他写信给这位年轻的同行，怀着双重的关切，鼓励他，支持他。在他的褒奖中，在溢美之词的包裹下，还揉入了两句我们通常没有勇气对初出茅庐、用力过猛的后辈说的话。但在我看来，这是一个老作家所能给予一个年轻同行最宝贵的信任、欣赏和友爱："别再赶工……宁可挨饿。"

* * *

是伊莱娜·内米洛夫斯基为我们揭示了一个有血有肉的契诃夫。但她为我们介绍这个人物时，已然超越了对其人生的呈现。她的这番呈现，令我们的阅读之旅愈加荡气回肠。

契诃夫的一生是短暂的：疾病令他英年早逝。伊莱娜同样也过早地离开了人世，但把她带走的，并非肆虐在她一人身上的疾病，而是践踏了整个世界的恶魔。扪心自问，二者之中，哪一种命运是更为深重的悲剧。结核病尚且让人得以喘息、休憩，甚至还能有些许快乐、零星幻想，较之戕害伊莱娜的刽子手，是不是至少还多几分人性？

契诃夫的一生

一

　　一个小男孩坐在箱子上哭，因为他的哥哥不肯和他玩了。为什么？他们可没有吵架呀。他用发颤的声音念叨：

　　"陪我玩嘛，沙加。"

　　可是沙加只是冷冷地瞥了他一眼。他比这个名叫安东的弟弟大五岁。他已经上学，而且恋爱了。

　　安东伤心地想：

　　"明明是他自己先找我玩的。"

　　曾经是的，可那是很久以前的事了。几年……一个礼拜……他已经觉察到，沙加是利用友情来霸占他的玩具。不过这也没什么。他们在一起玩得很开心。与那些娇生惯养的孩子相比，他们的娱乐也许太微不足道了。不过，那些孩子听话得要命！最近，安东曾问过其中的一个：

　　"你在家常挨打吗？"

　　那男孩答：

　　"从不。"

　　他是在说谎还是……生活真是奇妙。是的，他们哥俩儿玩得很开心。他们把父亲杂货铺里的空盒子偷出来，排成一排，然后躺到地上，头枕着地板，望着被蜡烛点亮的一个个方盒子，仿佛置身于天堂的门槛，木头士兵就住在里面。他们在邻家果园里摘果子，藏起来偷偷吃。他们乔装改扮。他们去海里游泳。如今，一切都结束了，一刀两断。

　　沙加瞥了弟弟一眼，就头也不回地走了：安东，这个小家伙早就不如他了。他们没法沟通。他大摇大摆地逛荡到市政公园，把安东独自丢在家里的木箱子上。孩子们的房间又小又破。窗玻璃一片模糊，地板脏乱不堪。屋子外面遍地是污泥，一如这座俄罗斯南部小城市里所有的街道。这就是沙加和安东·契诃夫的家乡。

若是走出家门，步行片刻即可来到海边；朝另一个方向走，则是荒凉的草原。在家里，听得到母亲急促的脚步声，在"大屋"和一旁泥土建造的小厨房之间来回奔走。六个孩子，没有女佣，这可给做母亲的带来了不少负担。也听得到父亲在高声祈祷和唱歌。突然间，祷告停止，尖叫和抽泣的声音传入安东的耳朵。是父亲在用鞭子抽打店里的小伙计。这样过了许久，赞美歌才再度唱了起来，可冷不丁又被一声咆哮中断：

"白痴！"父亲冲着安东的母亲大吼，"你这个蠢货！"

这孩子既不吃惊也不愤怒，他甚至不觉得有什么不幸：这一切都太寻常了……只是他的心抽紧了，因独处而感到既难过又喜悦。独处总会让人有一点点害怕，但至少，不会被烦扰，也不会挨揍。然而，才过了一会儿，恐惧的感觉就又升了上来。他走出房间去找妈妈。她总是脆弱而惊惶，总是大声地哭着，抱怨丈夫和生活。没有人听她说话：她仿佛对着荒漠哭诉。大家都已习惯了她的眼泪。

也许明天，安东就能获准乘船出海，让大家吃上他带回来的鱼了？想到这里，他就兴高采烈起来。他那喜悦的心情，几分调皮，几分温柔。

晚饭马上就要开始，然后全家将一起做最后一次祷告，就这样度过一日。

二

院子尽头是契诃夫家租下的屋子；墙面重新粉刷过一层黏土。在污泥、杂草、碎砖瓦和堆满了院子的垃圾当中，人的脚印勉强地踩出了两条小径，一条通往家门，另一条则通向马厩。这座破屋看上去歪向一侧，如同一个驼背衰颓的老妇。一只木桶放在屋檐下，雨天的时候用来接水；饮用水是很稀罕而宝贵的。小方格的窗子，木头屋檐，三个小房间，一间厨房，这里就是契诃夫出生①的地方。其中的"大屋"是父亲的专属，一间小些的，是父母的卧房，再小一些的，是孩子们的房间，里面有安东的木摇篮。"大屋"的各个角落都严格地按东正教的习俗挂满了圣像。每一座圣像前都点着蜡烛，昼夜不息。三脚架上摆着祈祷书和圣经，铜制烛台上点着大蜡烛，烛光照亮了它们。在教堂规定的日子里，契诃夫爸爸会在圣像前焚烧乳香。尽管穷困潦倒、锱铢必较，但他在香火钱上从不吝啬：云朵般的烟雾升腾起来，弥漫了整个房间，令人窒息，直到厨房那头飘来了酸白菜的气味。

屋后种着洋槐树，春天，泥泞的院子里繁花似锦。这座建在亚速海滨的城市名叫塔甘罗格。人们会骄傲地说它拥有"一条欧洲风情的街道"。没看见那些三四层高的楼房还有一家剧院和不少商店吗？店面的招牌上错字连篇，但谁会在乎呢？再说了，这条街的人行道和车行道都铺了数米长的石板路，俄罗斯没有哪座城市敢自诩拥有这般的奢华。不过没走几步，就只剩下人行道

---

① 契诃夫生于1860年1月29日，按当时俄国采用的儒略历为1月17日。

了。再远一点，就成了烂泥小路：契诃夫一家正住在这里。草原从市郊展开。这片辽阔的土地，没有山，没有森林，被来自东方、来自亚洲的狂风骤雨肆意横扫。冬季，白雪遍野；夏季，暴雨倾盆。每个季节，港口都会被泥沙淤塞。然而，塔甘罗格的核心就在于港口。这是一座商业城市。曾经，彼得大帝派人在这块荒地上设置堡垒，抵御土耳其的入侵，而后他又建立了一座港口，十九世纪初的塔甘罗格就此一派繁荣。它做小麦出口生意，连顿河畔罗斯托夫和敖德萨都莫敢与之称雄。

当年的塔甘罗格车水马龙、生气勃勃。老人们感慨万千："俄罗斯最好的演员到我们这来演出，我们有一座意大利歌剧院，正如所有南部城市，正如敖德萨……"之后，艰难的岁月到来了：几百年来被河水冲来的泥沙终于导致了海床抬高，给来往的大船造成了危险……这些新式的船只太庞大了……终于，它的地位跌至谷底！从那时起，一条铁路直接从竞争对手顿河-罗斯托夫连接至弗拉基高加索。塔甘罗格没用了；塔甘罗格废弃了。

数年来，这座小城总是无精打采、昏昏欲睡。深蓝的天空、阳光和大海使它远远看去尚显可爱，但一旦进入城中："多么肮脏，多么愚昧，多么空虚！"它的泥泞和沉寂令游客震惊。秋天，以及融雪时节，穿行在塔甘罗格就像跨越一条溪流一样，得从一块石头跳到另一块石头上，"谁要是一脚踩空，那可就陷进了没过膝盖的泥海里"。夏天，闷热的街道上，尘土卷成厚重的云团缓缓滚动，没有哪个清洁工拗得过它。一只狗嗅着烂果皮；院子里传来口琴声；两个酒鬼在打架……路上很少有人行色匆匆。没人想过要修缮自家的屋顶和门面，或是重新粉刷房子。人们对一切都将就凑合。

在俄罗斯，这种外省城市被称为"聋城"。也的确，再没有比这更恰当的名字了：聋城，海底般的寂静。它们关闭了自己的耳朵，隔绝了外界的动静。它们沉睡着，一如这里的居民，酒足饭饱之后，拉上百叶窗，紧闭门户，密不透风，听命于沙皇和上帝，灵魂空洞。

然而，世上最偏僻最荒凉的角落，对于一个孩子而言，却也变化万千、生机盎然。那时的小安东对他的家乡并不厌倦。他饶有兴味、不知疲倦地望着船只、桥梁、大海。他极喜欢去米特罗方叔叔家吃饭，在那里不时能得到一笔零花钱。家家户户的房屋千篇一律，院子也全都杂草丛生。与他的兄弟和母亲一样，他知道这里每个住户的名字，了解他们所有的生活细节：昨晚吃了什么，谁家死了人，谁家生了孩子，谁家正准备嫁女儿。他喜欢到市政公园散步，那里的台阶一直延伸到大海。

可惜他并不能常常享受到这份自由和巨大的快乐。春天的夜晚，他坐在自家门前歪歪斜斜的台阶上，周围所有的房子都高过他家的屋檐。当白昼的热气散尽，一家人就在屋檐下安顿下来。母亲暂时搁下她的缝纫活儿，孩子们叽叽喳喳打打闹闹。远远地传来调弦的声音，是公园那里要开始演奏军乐了。轰轰隆隆的鼓声，噼噼啪啪的铜管，穿过灰尘弥漫的空气，渐渐变得轻柔、舒缓下来，失去了原本雄赳赳的气势，反而带上一丝朦胧的感伤。

这时，父亲出现了。宽厚的肩膀，茂密的大胡子，粗糙的双手。

"干活去，安托沙。"他说，"成天偷懒，就知道发呆。还不快到店里去。干活去。"

三

契诃夫家有六个孩子——五个男孩和一个女儿。两个大些的，亚历山大（沙加）和尼古拉，已经长成手长脚长的少年了，干瘦的胸部，过长的手臂，腼腆而做作的神情。他们开始鄙视塔甘罗格和这里的居民，开始梦想去莫斯科，开始不满父亲的指令了。他们还不敢太过放肆，但眼神已经表露无遗。他们一旦挨了打，就会用威胁的口气说"做人的尊严蒙受重创"，还会提起自杀。母亲连忙做起祷告来，并且关上房门以防父亲听见。

安东还是个孩子，一个漂亮的金发小男孩，皮肤光洁，脸颊宽阔，神情温柔愉悦。老四伊凡，在兄弟中很不讨喜：他谨慎又倨傲，似乎老是守着饭桌上最好的一道菜，占据离炉子最近的座位。两个年纪较小的是玛丽和米哈依尔，还不能被算在内：他们一个四岁一个三岁，只知道要妈妈。

他们看上去个个身强力壮，足以睥睨那些在港口奔忙的黄皮肤希腊小孩和弓着背的犹太儿童。契诃夫家族属于吃苦耐劳的一类人，他们出身贫农，经历了几代人的艰辛，熬过严冬、饥饿、超负荷的劳动以及鞭打。因此，做父母的天经地义地认为：孩子们的健康乃是老天赐予，可以毫不顾忌地损耗和挥霍。睡眠严重不足，以及穿着破洞的鞋子在雪地里跑，这些都不打紧。保持整洁那是毫无必要而且还很丢面子的。祷告有助塑造灵魂。至于身体，老天会管。

塔甘罗格的人全都是这么想的，他们也还都没错，因为气候和热病极少危及他们的健康。到塔甘罗格度假的沙皇亚历山大一世，没能待上两个月，就因感染了当地的一种热病，不治而亡。而那些穷苦人家的患者却很快痊愈了。他们喝肮脏的水；他们给病人喂无名草药熬成的汤汁；他们用渔网当纱布包扎伤口。但这里的死亡率却不比其他地方高。

农民的身体和生命没那么矜贵。再说，契诃夫家族从地主手中赎回人身自由，还只是不久前的事。也许正因如此，他们对待身体发肤才这么随意和粗暴，就像野蛮人以破坏精致的机械战利品为乐。安东的祖父出身农奴，但他一步步地坐到了总管的位置，还攒了数目可观的一笔钱。在农奴解放之前，他就赎买了自己和家人：每人头七百卢布。农奴叶果尔·契诃夫就是这样从他的主人手中赎回了自己和他的四个儿子。还剩一个女儿，他存的钱不够赎她了，但是老爷发了恻隐之心，把她也顺道发放了，就好像买十二枚土豆时附赠了一枚。

叶果尔·契诃夫是个聪明而冷酷的人，是那些压榨农民的贵族阶级的一条看门狗。他替地主做账，比主子算得更精。因为他了解农民，了解穷人的懦弱和狡黠之处。他是普拉多夫伯爵在乌克兰一座大庄园的管事，小契诃夫们有时会到那里去度假。

叶果尔的儿子米特罗方和巴维尔落户到了城里，但他们一直未能发家致富。尤其是巴维尔·叶果罗维奇，始终时运不济。他最初给一户商人当伙计，吃不饱，睡地板，受虐待，要打扫店铺，还要卑躬屈膝地挨巴掌。现如今，他已是一个结实粗壮的大胡子，轮到别人听他指挥，挨他棍子。他是"三等行会的头买人"，社会地位仅比工匠高那么一丁点儿，要是较之塔甘罗格的荣耀——小麦和酒的大批发商，那就差得老远了。

他是个杂货铺老板，贩卖"小麦、糖、咖啡、肥皂、灌肠及其他殖民地商品"——店铺门口的招牌上用黑底金字如是写道。

安东尊重父亲。无论在家还是在店里,巴维尔·叶果罗维奇都是无可争议的一家之主。在俄罗斯的平民家庭里,父亲享有至高无上的权力,在现实中屈从权贵的奴役,他就在自己家的王国里独断专行。母亲只能保持沉默;孩子们只能规规矩矩;他的眼中只有上帝,认为自己有责任将所有人的灵魂都引向正途。那么,如何引领?上帝已将坚实的拳头交给人类:双手劳动,自给自足。

亚历山大说他粗暴、贪婪、冷酷。不过亚历山大总爱夸大其词。亚历山大喜欢自欺欺人,有时是为了博取同情,有时是为了捉弄人,连自己的家人也不放过。安东却还是爱着父亲的。比如,他感激他的千杯不醉。其他人喝醉酒会在地上打滚,只有契诃夫爸爸,变得温柔、欢快,还能记起自己的特长来——天知道他是怎么在苦难的童年中获得它们的。他会拉小提琴,还会唱歌。是的,他有他的优点。不过,倘若没有对他唯命是从,那可要当心了!乖戾的暴君立即就会苏醒过来。芝麻绿豆大的差池都会令他暴跳如雷。饭桌上,一盆太咸的汤,就可以导致最可怕的一幕,吓得母亲哭泣,孩子们战栗。

父亲虔诚至极,认定自己的强大和威慑力是来自上帝的旨意。他的宗教感情诚挚而谦卑,粗犷而原始。他不仅在自己身上惩罚他的罪孽,还尤为严厉地以此折磨孩子们的灵魂。他爱孩子们,但在他们的柔弱和百依百顺中,总有些什么会激怒他,令他冲昏头脑,破口大骂,挥掌打人。他并非残忍,只是,他人的痛苦不能令他动容。他自己就是在人家的白眼和拳打脚踢中熬过来的,他的境遇曾坏到不能再坏。所以他很自然地把怒火发泄到妻子、孩子和店铺的小伙计身上：就是这样！他发火的由头常常是：小城贫瘠，生意难做。而且，他厌恶杂货铺。一个人不能没有激情地活着，而他，一个既不酗酒也不好色的人，有着一份崇高的热情，这热情装点他的生命，慰藉一切。那才是他真正的生活。店铺和家所构成的生活，不过是一个表面，一层表象。他爱的是教堂，爱那些弥撒、圣歌、祈祷、乳香的芬芳、敲钟的声音。也许，就如所有独裁者一样，他感觉到孤独。身边环绕着俯首称臣的人，却没有朋友。也许，教堂能够抚慰他，带给他关怀和爱的幻象吧？讨价还价以及清算那点微薄收入，对他而言没有丝毫乐趣。他一找到借口就高喊起来：

"沙加！柯里亚！安托沙！我走啦。你们哪个过来替我看店！"

教堂就在附近。在那里，在教堂的荫蔽下，在结冰的地上，他会一连几个小时长跪不起，甚至用他那农民的粗嗓子唱起歌，唱东正教教会的赞美歌！而这时候，孩子们在店铺里瑟瑟发抖。一片太平。

这些，安东都谅解他，但父亲对他频繁的鞭打，他想，自己是永远也不会忘记的。这不是肉体上的疼痛：这是一种被凌辱的感觉。他为父亲，也为自己感到羞辱。可是，他当然没什么可说的，他并不是一个例外：他的兄弟们也无一幸免。他想，大概所有的父亲都和他的父亲一样吧。

这是事实。一八七〇年代的塔甘罗格居民并不比其他任何时代任何地方的人脾气恶劣，但粗暴是一种积习，它使人的身体和灵魂变得坚硬。生活荒芜而惆怅，但人们并不时常感觉得到，一个像安东这样的小男孩，自然一下就忘记了。然而，这种荒芜，这种惆怅,一直徘徊在那里,作为生活的大背景存在着,而它也终于糅合进了最纯真的欢乐。安东生来就是那么愉快、活泼、调皮,就算不可能完全无忧无虑,他还是出于本能地爱着优美、善良和礼貌,可环绕他的,却总是粗俗和冷酷。人们虐待动物、撒谎、背信弃义,却正是那一张张说谎的嘴,在教堂里唱着赞美诗。可是,你还是得去亲吻那只刚刚打过你的大手,因为那是父亲的手,"父亲的权威来自上帝"。

四

母亲不爱谈起自己。她是一个纤瘦秀丽的女人,"温柔且安静"。

她若不是在厨房忙碌,就是坐在缝纫机前。她亲手为六个孩子穿衣服,令她烦忧的,都是些看似简单,却怎么也找不到解决之道的问题:怎么才能让安东的大衣再多穿一年?上哪去找布料来加长玛丽的裙子?

她很疼爱孩子们,尤其是安东。这个孩子似乎懂得怜惜她。她多想把他抱在怀里,抚摸他,给他讲故事。可是没有时间。总有做不完的事情等着她。于是,这份无法(或是不知如何)用亲吻、用亲昵的话语来释放的爱,她只好放在心里,折磨着她的心神,她惟有通过给孩子们弄吃的,或是想象给他们弄吃的,来求得安慰。食物充足又便宜,只有最穷苦的人家才会没得吃。身为母亲,能够喂饱自己的孩子,是她心中巨大的慰藉。至于其他,都归父亲来管。他负责提出好榜样、好建议、好故事,来塑造孩子们的灵魂。

不过,在有些夜晚,哄孩子们入睡的时候,母亲会讲起她经历过的漫长旅行,那是在她很小很小的时候:她曾乘坐汽车穿越整个俄罗斯。

她是商人的女儿。她说起这件事时会带着几分骄傲:契诃夫家族是农奴出身,而她,则是出自俄罗斯社会比较高层的阶级。话虽这样说,她却不由自主地困惑,因为女人的地位是不能凌驾于上帝赐予的丈夫之上的。

她的父亲莫洛佐夫是个呢绒商人。父亲总是出门在外,她与母亲及姐妹住在莫尔尚斯克的一位姑妈家。一年冬天,这所住着妇孺的房子突发火灾;她们从此流落街头。

"真是伤心透顶的一年啊,孩子们。"她说着,摇摇头叹了口气,"不久我们得到消息,说父亲已经过世,是死于霍乱。可是,他是在俄罗斯的哪个角落离开人世,又被埋在了哪里?他是不是作为一个基督教徒下葬的,葬礼有没有全部按照东正教的仪式?我母亲租了一辆汽车,我们跟着她上了路,去找父亲的坟墓。"

孩子们全神贯注地听着。他们想象着那辆摇摇晃晃的小汽车,颠簸在坑坑洼洼的路上,在烂泥地里,在皑皑初雪中……旅途中,遭遇一场又一场暴风雨,也经过一所又一所驿站,那种地方常常脏乱不堪,而且鬼影憧憧,于是她的母亲宁可带着孩子们在草原上席地而眠。

这时候,妈妈会放下手中衣物,讲起一些阴森晦暗的故事来,拉拉杂杂地,诸如克里米亚战争、农奴战争的回忆,或是强盗和巫婆的传说。

这片环绕塔甘罗格的旷野,在妈妈眼中,却是何等富饶!不知多少宝藏,就埋藏在溪流的河床中,埋藏在山峦的脚下。据说,哥萨克人曾从拿破仑的军队劫得黄金,因怕被国家没收,就把它们埋在这片草原之下。而在沙皇彼得大帝时代,也曾有一帮强盗劫掠了一支从彼得堡向塔甘罗格运送黄金的商队。这些金子,总有一天会被发掘出来。

男孩子们听得如痴如醉,鸦雀无声。

屋外,是小城万籁俱寂的深夜。忽有一辆汽车经过,发出老发动机的轰鸣和车轴的嘎吱声,划破夜的空气,仿佛一颗受难的灵魂在哭泣呻吟。一盏烛光照亮母亲的身影，她正俯身在缝纫机前，麻利地任布在她的手下滑过。此时的她被唤起了对往日时光的回忆，所以别太急着催她吧，她还会讲起自己怀着亚历山大逃出塔甘罗格的经历。那是在克里米亚战争时期，黑海和亚速海沿岸已陷入敌人的炮火。这场如此切近的战争，所有陈年旧事，母亲在二十年前所经历的旅行，混合成令孩子们着迷的传奇。他们全都不出声。

然后，其中一个开口问道：

"那么，外公的墓，后来找到了吗？"

"没有。从来没有。"

想想吧，在如此广袤的俄罗斯大地上，在千百万活着和死去的人当中，又怎么可能，找得到那座孤零零的坟头？漫长的跋涉全然白费，所有的疲惫都只是徒劳，孩子们为之震颤了。母亲却收住了话匣子：

"我们一直没有找到那座坟墓。我们穿过了整个俄罗斯，从莫尔尚斯克到塔甘罗格。一直来到了大海跟前，没法再继续向前走。母亲在这座城市里有熟人，他们仁慈地施舍了住处，我们也就渐渐地在这里生活下来。然后，有一天，我遇到了你们的父亲……"

五

契诃夫爸爸的杂货铺既是一个食杂店,也是草药店、缝纫用品店。在这里可以买到茶叶、橄榄油、马的跌打药膏、煤油、通心粉还有咸鱼,所有这些都乱糟糟地塞满了灰尘厚厚的货架,经年不变地堆在角落里。柜台上挂着细绳串起的糖果作装饰,就像威尼斯金币串成的项链。盐水木桶里腌着鲱鱼。至于"殖民地商品",是那些珊瑚啊,阿拉伯香甜糕点啊,希腊科林斯的葡萄啊,引得一群小孩子在门口张望。顾客都是穷人:农民、水手、希腊小贩。

冬天,铺子里像地窖一样冷,因为店门总是不停地开开关关,任由来自草原的大风钻进来。夏天,货物的气味几乎引来了塔甘罗格所有的苍蝇。不过,这些苍蝇也带来消遣,他们以弄死苍蝇取乐。他们在桌上放一个装满水的广口瓶,在瓶口盖上一片蘸满蜂蜜、捅了小孔的面包,苍蝇就落入水中淹死了。

父亲把小契诃夫们叫去替他看店,倒不是为了招呼寥寥无几的顾客,而是派去监督那两个伙计,安德里乌沙和加维里乌沙,因为父亲老担心他俩会偷东西。安德里乌沙和加维里乌沙是乌克兰穷苦农民家的孩子,他们的父亲认为只有把孩子扔给巴维尔·叶果罗维奇,他们以后才能过上好日子。两个不幸的小家伙,常常挨打,伙食很差,而且还没有工钱,因为他们得做五年学徒。

老板的儿子们在收钱找零,小心翼翼地检查,以避免收到假币,同时还要仔仔细细地记下"茶叶:两戈比;糖果:一戈比两个",这两个小服务生则到酒窖里去取伏特加酒,因为巴维尔·叶果罗维奇的杂货铺同时还是一个小酒馆。他的酒窖里存着葡萄酒、啤酒,在漫长的冬季夜晚,那些常客便聚在契诃夫家的店里,喝酒聊天。

无论寒暑,店铺早晨五点就开了,没到夜里十一点不会关门。安德里乌沙和加维里乌沙总是犯困,不管是站是坐,只要主人的目光从他们身上挪开一小会儿,他们都能打起瞌睡来。安东就在觥筹交错、嬉笑怒骂的喧嚣声中勉强地温习功课。他渴望能够专注于书本:功课很难,而每一次糟糕的成绩都会招来严厉的惩罚,先是学校,然后是家里。可是,尽管这样,他还是会为那些说话声和脚步声分神。

一会儿是一个水手来买烟,一会儿是一个农民要找一种能够给妻子治病的草药——"她生完孩子后就站不起来。"(父亲卖一些消炎用的草药汤剂,同时还卖些寺院里的平安符。)有时,会有小孩子来买蜡烛,那种装在星星形状的红色木盒子里的彩色蜡烛。

窄小的窗户像监狱一样安装了铁栅栏,地板很脏,柜台上铺一块打过蜡的桌布,破破烂烂,也褪色了。

安东抬起头来,看雪花飘落。书本上摇曳着烛光。关在这地方,想到又一个明天,当小伙伴们在外面玩耍的时候,他还是要被钉在柜台跟前,怎能不感到遗憾。但一个不幸的孩子会到处寻找并且找到幸福的小小残片,就像植物会从最贫瘠的土壤中吸收点滴的养分让自己生存下去。安东的乐趣是观察和倾听。为附近修道院募捐的僧侣们会跑来偷偷喝酒。有时几个水手会讲起他们的旅途。还有些时候,部队司机和小麦倒卖商争执起来,尤其后者，他们是店里的老主顾，干的就是成车成车地购买农民运进城里的谷物，然后倒卖给更有钱的批发商，再由这些批发商倒卖给国内首屈一指的富翁：瓦格里亚诺家族和斯卡拉玛尼家族。不过这些买卖一般都集中在春夏两季。秋末和冬天，倒卖商们就百无聊赖。他们聚到巴维尔·叶果罗维奇的杂货店里，就像上俱乐部一样。

安东把一切都听进去，一拨又一拨人。他们中的每个人，都有着自己独一无二的腔调、手势、口头禅以及故事，源自他们的种族和阶层。希腊人、犹太人、俄罗斯人、神甫和商贾，上演着永无止境的戏剧，而惟一的观众就是他，安东·契诃夫。他还从未去过剧院。他有十一二岁了，不过哥哥们曾向他描述过那些舞台、对白、布景，那里奇妙的生活。这里亦如是，总有陌生人、过路人来到这里，讲述自己的故事，然后离去。观察他们是一件十分有趣的事情，更有趣的，是模仿他们：学着小僧侣那哀怨的尖声细语，或是模仿大司祭拿腔拿调，再或者，扮成犹太小伙计来分发茶包。安东用手托着脑袋（这颗脑袋有点硕大，他因此被伙伴们取了个绰号叫"大头"），抛下拉丁文课本，想把他们观察得更仔细些。他的双眸晶亮。回到家，他就为他的兄弟、母亲，还有好心情时的父亲表演，模仿顾客们的举止，学他们的叹气和嘴脸。上个礼拜日他在教堂里看到市政厅的官员，大人物啊！可就是这么个权重势高的人物，跪拜的样子，擤鼻涕的样子，打量在场听众的样子，都显得那么古怪滑稽。安东将在教堂入口迎接这个官员。他早就为此乐不可支了。

然而夜晚是那样漫长。安东和两个小伙计一样，昏昏欲睡：他从来都睡不够。学校、店铺、教堂吞噬了他的休息时间。在父亲看来，男孩子们长大以后有的是睡觉的时候，而年轻时代理所应当是用来劳动，用来帮父母干活的。渐渐地，安东把头伏在了书本上，睡着了。终于，熟客们离去，商店关门，他可以回到他的床上去了。

父亲外出的时候，沙加喜欢取代他的位置对着弟弟们发号施令。但他总是难以令安东服从。他已不再是那个坐在箱子上哭的小男孩了：

"陪我玩吧……"

这个小家伙正一天天地独立起来，沙加想。他在用自己独有的方式证明自己的独立：他既不像伊凡那样冷漠严肃，也不似尼古拉那般任性荒唐，他用超人的耐心和坚定抵抗着他人的影响。从没有人能够确切地知道他在想什么，他的感受是什么。这种奇异的贞洁感，保护着小安东的心灵和意志免受他人的侵犯，就像少女保护自己的身体。然而，沙加握有长兄的特权：他热衷于被人钦佩和追随。有一天，由于安东不肯屈从他的指令，他盛怒不已，动手打人。这事发生在杂货铺里，父亲当时不在。安东跑掉了。

"他准是跑去诉苦了。"亚历山大恨恨地想。

这孩子没有回来。

"没错，他肯定是向爸爸告密去了。"亚历山大这样想着，越来越担心。

他走出杂货铺，做好最坏的打算。他长久而孤独地立在原地。终于，他看见安东和一个堂弟。两个人都走得很慢，一脸严肃地，从这个大哥的身边经过。安东一句话也没有对他说，甚至看都没有看他一眼，仿佛站着亚历山大的这个位置只不过搁着契词夫爸爸的一个木桶,仿佛亚历山大根本就不存在!

沙加的心中充满了一种奇异的感觉,混杂着愤怒、耻辱、伤感和尊敬。他的目光紧追着两个渐渐远去的男孩,不知怎地,竟哭了起来。

六

巴维尔·叶果罗维奇既不凶恶也不愚蠢。相反，他有丰富的想象力，有品位，有自己的精神世界，还有对音乐深沉真挚的爱。不过有些人就是这样的：之于身边人，他们的美德就与他们的恶癖一样令人生畏。

对这个杂货铺老板而言，他生活的激情与诗意，是教堂、弥撒和歌唱。但他觉得自己一个人祷告和唱歌还不够。在他的童年时代，当他的人身还属于地主所有的时候，村子里的神甫就教会他拉小提琴，以及在唱诗班里唱歌。他如今的抱负就是拥有一个属于自己的唱诗班，并且亲自指挥。这个唱诗班，上帝已经赐给了他：由他自己的五个儿子组成。他们纯净的歌声昼夜飞升，赞美上帝。天堂里的上帝会知道，他的仆人巴维尔·叶果罗维奇·契诃夫没有疏忽职责，他把自己的孩子们训练起来服务教堂，并一再灌输他们对主虔诚。

凡是和宗教礼拜有关的事情，巴维尔·叶果罗维奇都是一丝不苟、严格而苛刻的。每逢大节庆，需要做早弥撒的时候，他总是半夜两三点就把孩子叫醒，不管什么天气，也必定要带他们上教堂。有好心人看不下去，对他说，如此剥夺孩子的必要睡眠是十分有害健康的，而且强迫青少年过度损耗胸腔和声带也实在是一种罪过。但巴维尔·叶果罗维奇自有另一番见解……

"难道，在院子里一边跑一边扯着嗓子大喊大叫就没事，去教堂弥撒上唱唱歌就有害？在修道院里，初学修士必须彻夜不眠地朗诵祷文，吟唱颂歌，他们也都好好的。教堂唱诗只会使孩子们的胸膛更强壮。就拿本人来说吧，从少年时代起我就开始唱歌，感谢主，我的身体一直很好。为上帝吃点苦，这可不是坏事。"

礼拜天，全家人就到教堂去（东正教的教堂没有椅子，里面的人只能站或者跪）。回到家里，还要唱颂歌给耶稣基督或者玛利亚，他们一齐拜倒在圣像前，母亲和孩子们以额头叩地，父亲主持齐诵。但这还不够让他心满意足。他那诚挚的宗教感情中还掺杂了一丝世俗的虚荣。他想让孩子们的声音得到赞美，让整个塔甘罗格的人都听得到，在希腊修道院，抑或在宫殿礼拜堂。宫殿礼拜堂，人们就是这样称呼这座曾经住过亚历山大一世并举办过他的葬礼的房子，传说，他其实逃走了，用一名士兵的尸体来替代他。

这座礼拜堂里聚集了当地的贵族。亚历山大、尼古拉和安东的歌声因虔诚和紧张而微微颤抖。大蜡烛的光辉照亮沉重的镀金圣像；石板上静静地流淌着蜡泪。父亲感到无比幸福。正是这样的时刻，令他忘却了杂货铺的艰难时光和金钱烦恼。他期望此刻一切都变得称心如意；他拥有一块地，是老叶果尔·米哈依洛维奇的遗赠，他要在上面建房子。这样，就再也不用交房租了！他要自己当主人！谁来借给他一笔钱吧……另外，没完没了的算账令他疲惫……一切都会好的！他驱走心中的这些忧虑；专注地倾听孩子们的歌声。他们正在表演一曲名叫《大天使之声》的三重唱。父亲听着听着，热泪盈眶。他长久地祈祷，猛力地划着十字。他热爱上帝。

孩子们可无法分享这份快乐。人们祝贺父亲，羡慕地看着他。他把儿子们养得多好！他给了他们超越生活境况的教育，他们想想后觉得，为什么不呢？这些孩子再过些时日会进入大学，然后赡养他们的父母，这样就能让他们过上安适的晚年。小契诃夫们当中，叫尼古拉的那个孩子颇具天分：他会画画，他可能成为艺术家。不过，比教育更值得称道的是，契诃夫爸爸教给了孩子们对上帝的敬畏。这些小家伙难道不为能在众人面前展示才华而骄傲吗？可孩子们只觉得，自己是一群"小囚犯"。

安东永远也无法忘记那种疲倦，那种无聊，那些在教堂中长久的站立，那些往返在冰封马路上的黎明。这种在鞭打之下灌输的宗教，与一份真正的信仰如此不同，以至于最后，他无法再有任何信仰。上帝不可能眷顾这样一个对他颇有微词的安东吧。不过，有些节日他还是喜欢的。复活节之夜，是俄罗斯东正教里最隆重、最盛大的夜晚。那一天，人们甚至不做祷告，"但有着一种欢快……孩子般的，心照不宣，找个借口就溜出家门，投入人群的狂欢当中，也不管是什么活动，反正就跟着四处消遣，接踵摩肩，推推搡搡……热闹非凡的景象直到复活节弥撒上还是显而易见……目力所及的各个角落无不灯火通明……大蜡烛的光辉，噼啪作响的燃烧声……活跃欢快的歌唱……"

同样地，在他的一生中，他也爱着钟声。天气的寒冷，睡眠的匮乏，父亲的严厉，以及疲劳和无聊，已经摧毁了他身上的全部虔诚。然而，若干年后，当他功成名就，悲伤和病痛萦绕之际，写信给他所爱着的女人时，他还是以温柔的祈祷作为信的结语，这该是来自他童年的记忆深处："上帝保佑你健康……天使们祝福并保护你。"但那些礼仪，那些外在形式，一切他父亲所奉若珍宝的，他都情不自禁地厌恶。

马路黑漆漆的，因为在塔甘罗格，除了市中心，就没有夜间照明了。困得要命的小契诃夫们在烂泥地里艰难地步行回家。为了在黑暗中认得路,他们在衣扣上挂着小灯笼行走。店铺很快又要开门了,于是巴维尔·叶果罗维奇想:那就没必要让孩子们去睡觉啦。

七

在塔甘罗格，辉煌和兴旺是属于希腊人的。据说，瓦格里亚诺一个人的财产就达到五千万卢布。斯卡拉玛尼家族、阿尔菲拉奇家族，还有一些别的家族，是这个城市的巨头。小麦贸易掌控在这些人的手里。被土耳其驱逐，他们就纷纷把家安到敖德萨、塔甘罗格，遍及黑海、亚速海和里海的所有口岸，这些地方，懒散的斯拉夫人扎堆，而他们则从中获利。巴维尔·叶果罗维奇把这些成就归结于某些只有希腊人才知晓的奥秘，若不会说这个民族的语言，没有呼吸过雅典的空气，就无法得到。所以安东一到上学的年龄，就被家人送去希腊人的学校。过些时候，他们还要把他送去希腊旅行，去看看那里是如何生长出这些智慧而谨慎的希腊人，可以把葡萄酒、橄榄油以及小麦的生意打点得如此红火。这样一来，他就会变得富有，成为父母的慰藉，成为他们晚年的依靠。

在塔甘罗格，整个希腊学校不过是一间课室。一张板凳就代表一个班级。其中那个叫斯皮罗的小学教员，同时也是个小麦代销商，只要送他一瓶酒、一桶油或者一盒烟，他就能随心所欲地让学生升级留级（这要根据礼物的分量）——其实也就是从一个座位换到另一个座位。两个教员都粗暴无知，爱鞭打学生。看门的童仆、水手、鞋匠、裁缝的孩子，一个个都脏兮兮的，受尽虐待，性格粗野。他们就是安东的同学。再者，教学全部用希腊语，小契诃夫们学得很痛苦。

巴维尔·叶果罗维奇终于把儿子们从斯皮罗们手中领了出

来，并把安东送进城里的寄宿学校。安东很开心。他终于要穿上那身能让小姑娘们神魂颠倒的制服了。安东样貌英俊，有着神采奕奕的面容，自信锐利的眼神和完美的身形，他那穿着短装制服的小小胸膛挺得高高的，纽扣闪闪发光。

塔甘罗格中学一如这个国家和这个年代所有的中学。这是一个充满了政治迫害、恐怖谋杀的时代。在每一个正在成长的小学生、每一个未来的大学生身上，政府仿佛都能看到爆发革命的危险。再没有比苛刻的纪律更愚蠢的东西了，它恐惧一切革新、一切自由，只有冷漠和猜疑……革命成为一场激情的游戏，而他们却企图通过荒唐的戒律，通过一整套复杂的告密系统，来平息青少年的骚动。教师不只监视学生们的"政治观点"，而且还监视其他教师。一名教员在给督学的告密信里写道：

"在教学会议上，我的同事们竟敢擅自吸烟，毫不顾忌这个教员休息室的墙上还悬挂着圣像和伟大沙皇的肖像。"

学校最首要的任务，就是替沙皇培养恭顺的奴才。人人趋炎附势，见风使舵。然而这片赤诚似乎并没有产生什么效果。在塔甘罗格中学，就如同在俄罗斯所有的中学一样，每个少年都在谈论政治，而且思想尤为激进。惟有十四岁的安东·契诃夫，始终和那些秘密集会保持距离，也从不参与那群十三至十六岁的小哲学家们关于破坏和重建世界的宏论。他并没有一腔热血地阅读禁书。别人为他指定该走的道路——有时是他的父亲，有时是他的老师或同学，但他偏偏喜欢独自找寻一条属于自己的路。他出于本能地厌恶那些空话和党派的鼓吹。他总能温和并坚定地避开他人，既不发怒，也不失礼，"他内心深处在想些什么，已然没有人能够完全知晓。"

和他的同学们一样，小契诃夫在青少年时代学习了大量的拉丁文和希腊文，也和他们一样，他在公园里度过了悠长的时光，在那里，男孩女孩抛开课业，相约在幽暗的林荫小道上，隐藏在丁香灌木丛后面，他们脚下，长长的台阶一直延伸到亚速海边。

教师们搜查园子，寻找小情侣们。那些缠绵的约会就这样被冷冰冰的声音打断了：

"契诃夫同学，回教室去！"

那十一年的中学生涯（有两年他的分数不够以致无法升学：那些在教堂和店铺里的熬夜影响了他的学业）以及那些中学老师，在安东·契诃夫的心里留下的是怎样的记忆？长大以后，他还是常常会梦见一片悲凄的荒原，"滑溜溜的巨石，秋日里冰凉凉的水……当我远远地自河边跑来，我看见前方有一座断壁残垣的公墓，里面正举行一场葬礼，那是给我的旧时老师们的……"

八

十三岁的时候,安东第一次见到了舞台。在塔甘罗格,戏剧依然保持了几许旧日的辉煌,因为莫斯科和彼得堡的演员们会来巡回演出。这种外省剧院,尽管布景积满灰尘,观众席老旧,机器房也很原始,但是却也有着非常杰出的剧团,在他们的保留剧目里,有不少俄罗斯或外国的经典剧作。

安东为轻歌剧《美丽的叶莲娜》鼓掌喝彩,而后,拉拉杂杂地,是些轻喜剧、情节剧、从法国模仿过来的滑稽歌舞剧,还有《钦差大臣》。

千万留心别碰上学校的老师,他们可不赞成学生出入剧院,不赞成他们看这类思想自由、无视纪律的演出!可对于孩子们而言,能够不只一次地和督学大人对着干,该多么有趣!从这些学监们的鼻子胡茬下溜进剧院,那是怎样的狡黠和得意!在这所谓伤风败俗的殿堂里,他们见识到一种与塔甘罗格截然不同的生活,一种色彩斑斓、自由自在的生活!十五岁时,安东鼓起勇气钻进后台,和演员们聊天。

大厅里所有的人都相互认识,从正厅后座的看官到廊道末尾的观众。趁幕间休息的时候,伏在后排的安东和哥哥们,向前排富有的希腊商人们打声招呼,就坐到舞台正下方的扶手椅上,贪婪地盯着女演员的腿看。一团和气。

回到家里,安东仍无法忘怀剧院之夜,他试图从早熟而杂乱的阅读中重温那些记忆,但他真正的激情还是在戏剧上。他写正剧和滑稽剧,然后自己当起演员,和亚历山大、尼古拉或者中学里的同学们一起表演，他创建了一个业余剧团。

他喜欢乔装改扮，用木炭笔在脸上描两撇胡子出去骗人。有一天，他打扮成乞丐，穿过整个塔甘罗格，大摇大摆地走进叔叔米特罗方的家。这位叔叔由于心不在焉（或是乐善好施），就这么给了他三个戈比。真开心啊！他会在饭桌上即兴创作喜剧，他能天马行空滔滔不绝。这个小安东是多么懂得逗笑取乐！在他的整个人生当中，他都保持了这些愉快的特质，这种温柔的活泼，欢笑的天赋，不只是那种负载着讽刺或寓意的"带泪微笑"，而是一种孩子般纯真和欢快的笑。

小契诃夫们终于鼓起勇气公开表演了。表演在谷仓或者在他们最有钱的一个朋友家进行，他家可以办沙龙。那是多么快活的时光。父亲的生意依然艰难，但他在试图挑战糟糕的运气。他已将房子售出，他要开一家新的商店。这很荒唐：开店给他带来相当多的烦忧，得到的报偿却格外的少。可是在巴维尔·叶果罗维奇看来，未来的商店能解决一切问题。他对光辉的前程充满希望，于是决定尽其所能地培养孩子们：要让他们都上中学。这段时期他甚至还请了位肖邦女士教他们法语，而音乐课则由一位利用业余时间教钢琴的银行职员讲授。

也是在那段时期，小契诃夫们创办了一份刊物，名叫《口吃者》。由亚历山大和安东编撰，尼古拉画插图。而后，两个哥哥离开了：他们到了上大学的年龄。他们离开塔甘罗格，前往莫斯科。安东留下来独自承担《口吃者》的编辑和写作，他没有厌倦，也没有放弃它。

至于安东，正是这些轻松讽刺的幽默刊物、假面舞剧和即兴表演，替代了一般少年人的第一首诗、小说习作以及抒情絮语。在当时的环境下,他那个年纪的少年,受到的是太多轻蔑和粗暴的对待,根本无法自命不凡,也无法抒写——哪怕只是为自己抒写——他的梦想、他的感受。而这些,对于像普希金、莱蒙托夫这种从小就饱受赞誉的贵族公子而言,是多么轻而易举的事!作为杂货铺老板的儿子,安东·契诃夫没能有这样的骄傲。可是,他也一样需要一间心灵的避难所,远离父亲的咆哮、母亲的叹气。于是,他以自己的方式,在嬉笑逗乐的轻巧喜剧中,找到了它。而后,他开始考虑自己的未来;他知道不能依赖父母。或许有一天,他可以靠写作赚点小钱?亚历山大在莫斯科就同时给几个幽默刊物撰稿。然而,没有哪个正经少年会真的满心欢喜地打算从事文学,谁都知道,这是个能把人饿死的行当。但他不是要把它当作事业,而是仅仅作为一种增加收入的手段,就像那个银行职员一样,通过教钢琴课补充薪水。这丝毫不会影响他真正的职业。那么,他要选择什么职业呢?他犹豫不决。十五岁这年,他去草原拜访朋友的时候,在炎炎夏日里跳进一条蜿蜒且冰凉的溪流中洗澡,结果患了重病。别人将他送回塔甘罗格时他已奄奄一息,得的是腹膜炎。他被中学里的一名医生救活,他叫斯坦福,一个德裔俄国人。在康复期间,这位医生给他讲起医学和自然科学,于是,安东决定成为一名医生。但他首先得完成塔甘罗格中学的学业。此刻,外省生活在他看来,已经显得面目可憎了。

九

十九世纪七十年代，塔甘罗格这样的城市，在某些方面很像那些欧洲的外省小城：人们都一样爱管闲事、搬弄是非、目光狭隘、死气沉沉。然而时不时地，它也会显出古怪与野蛮之处，就像来自近邻亚洲的气流。

从契诃夫家的窗角，可以看到罪犯行刑的广场。鼓声引路，他们站在马车上，双手被缚，胸前挂着一块白板。这些不幸的人将被押上断头台，如果是贵族出身，就用一把长剑来砍他们的头颅。

看客们对犯罪的愤慨远不及对罪犯的同情，这是俄罗斯民众的普遍心理。在重大节日前夕，城里的居民会蛮横地把分发给囚犯的面包和铜板抢回自己家。

夜幕降临后，妇女是不敢贸然独自走在没有路灯的街道上的。有一天晚上，安东的弟弟，年幼的米哈依尔·契诃夫与妈妈刚迈出家门，就亲眼目睹一位少女遭人绑架。尽管受害人凄厉呼喊，可是没有一扇窗户为之打开，更没有一个人会想到去救助这名不幸的女子，她就这样被扔进汽车，绝尘而去。

妈妈的耳朵贴着墙，手里拿着毛线针，叹气道：

"他们又拐了个姑娘……"

他们把这些女子送去给土耳其人做妾。某些时候，民众其实和统治阶级同样冷酷无情。

也是在几年后的塔甘罗格，亚历山大·契诃夫听到一名妇女在大街上高声叫骂一个捣蛋的不良少年：

"你婶婶把她那三个私生子塞到哪去了？跟我们说说，她把他们淹死在哪？"

然而，那一本正经的警官，听到这一切时，却自始至终波澜不惊，丝毫没有显出一点好奇来。

亚历山大写信向亲人描述起这一幕，他以一个问号结束此信：

"我的兄弟们，这，不就是塔甘罗格吗？"

"人们住在狭窄逼仄、闷不透气的房间里，木板床上长满寄生虫，他们把孩子关在肮脏不堪的小屋里，仆人则睡在厨房地板上，衣衫褴褛。人们吃味同嚼蜡的食物，喝不卫生的水。"

人们在大马路上散步，"贵族（希腊人）在左，平民在右"，装作自己身处大都会。年轻姑娘们会一窝蜂地把自己穿成橄榄绿或巧克力色，只要她们中有谁打听到这是莫斯科此季的流行。然而，穿过这群跟风"巴黎调调"的年轻人，又会遇上一支游街的队伍，队首是一口敞开的棺材。按照当地的风俗，送葬仪式是这样进行的：死者要最后一次穿越这座城市，面孔被盖住，而蜡黄的额头则在阳光下闪光。

除了闲荡大街和公园，看现场行刑，演业余戏剧，塔甘罗格还有一样乐趣是：游逛墓园。一半信教者，一半世俗人，大家就这样在一起吃吃喝喝，穿行于墓碑与墓碑之间。

终其一生，安东都爱着墓园。他爱塔甘罗格附近村庄的墓园，在那里，樱桃树代替了松柏，夏天的时候，红红的樱桃如雨点般洒落在十字架上，"像一滴滴血"。然后，是莫斯科的墓园，彼得堡的墓园，那里的墓园就建在涅瓦河畔，近得仿佛"鬼魂们都要走下河流"。再然后，是克里米亚半岛上残垣断壁的塔塔尔墓园，还有意大利的墓园，普罗旺斯的墓园。

"在国外的一切事物中，最令他感兴趣的，是墓地和马戏团。"他的朋友苏沃林如是说。

十

契诃夫家的房子还在建,可是已经缺钱了。住处又小又不舒适:契诃夫爸爸被那些包工头、建筑师和泥瓦匠给骗了。他们个个都绞尽脑汁用他的花费养肥自己的腰包。而新屋主却只能糊口度日。他们连忙把所有的空房出租出去。全家人就只住四间房,其他全部都被外人占据。一个寡妇和她的一对儿女,在契诃夫家住了数月。十四岁的安东,一边给那男孩辅导功课,一边向小女孩献殷勤。两个人时而嘴斗嘴,时而面贴面,但这些都是表达爱意的方式。夜晚,当家长们在灯下大口喝茶,他们就在院子里的树影中快乐地捉迷藏。

亚历山大和尼古拉都在莫斯科。家里连一个苏也不给他们寄。这叫他们怎么过活?尽管母亲又是哭泣又是祈祷,但却无计可施。她苦苦哀求,可父亲的回答极其冷漠,说他自己的烦恼已经够多了,让这些小子自生自灭去。要是再坚持几句,他就索性装聋作哑,或者暴跳如雷。"这两个蠢货不是都十八岁二十岁了吗?在他们这年纪,我早就……"

两个愤怒的年轻人写信回来给安东:

"告诉爸爸,"亚历山大写道,"他早该考虑给柯里亚买大衣了。我们没有钱。妈妈总是担心我会对他不好,可是,是她在虐待他,不肯管买大衣的事,而爸爸却还在忙着策划奇迹剧,他竟写信说,可以向别人借钱买件短外套,而且要带貂皮领子的。他(柯里亚)没有长靴。他的衣服破旧不堪。上学路上(尼古拉是美术学校的学生)大雪齐膝,他却穿着破洞的靴子……在塔甘罗

格时我们都嫌他烦，但没有人设身处地为他想过。大家都觉得他只考虑自己……"（莫斯科，一八七五年）

大家也都知道，在塔甘罗格时，这两兄弟喝起酒来，可没有父亲的能耐，"两三杯酒就能把他们灌晕"。然而，出于斯拉夫人顺天安命的性格，家人也就默默地放任自流了：

"他们自己会好的。"话虽这样说，泪却落了下来。

为了房子竣工，契诃夫爸爸曾向当地银行借了五百卢布。由于无法偿还这笔钱，他将面临被逮捕的危险，在那个年代，因欠债而入狱的情况在俄罗斯是存在的。他逃走了。他只来得及跟家人说一声再见。为了不被认出，他没敢在塔甘罗格车站上火车。他一直步行到下一个站台。在那里，他还是躲躲闪闪地钻进车厢，前往莫斯科去找他的大儿子们。他自己也不太清楚去莫斯科干什么，然而，就像他会寄望于随便找到人替他买大衣给尼古拉一样，他也梦想有"好心人"或者奇迹出现，帮他一把。那妻子怎么办呢？四个孩子还留在塔甘罗格，其中最大的一个是安东，十六岁，最小的才十一岁，他们将何去何从？

"他们自己会好的。"做父亲的这样想着，捋着胡子，望着车窗外的大草原。

他们自己会好的。他们卖掉了银汤勺、披肩、锅碗瓢盆。

这一切发生在夏天，天气格外闷热，他们无法再睡在令人窒息的小房间里。安东和弟弟们在屋前的小园子里搭起帐篷过夜。每个男孩都有自己的地盘，安东的地盘在自己种的野葡萄树下。他们在拂晓起身，由安东替母亲出门买菜。他来到集市，像模像样，弟弟小米哈依尔跟在他的身后。一天，他买了一只鸭，一路上就让鸭子叫个不停，"这样是为了让所有人都知道，"他说，

"我们，我们也有鸭肉吃。"

被抛弃的少年时代，因债务而蒙牢狱之灾的父亲，这些都令人想到狄更斯的童年，但这个俄罗斯小男孩并不像英国人那样，会因家庭的贫穷和败落而苦恼。也许，安东从来就不曾为此感受到耻辱感，而往事不堪回首的耻辱感，却一直折磨着狄更斯。与西方人相比，他更为平和，更为简单。他的确是不幸的，但他不会在不幸中钻牛角尖，他不会被受伤的虚荣心侵蚀，他不会因为穿着破旧的衣服、裂口的鞋子而窘迫地遮遮掩掩。他发乎自然地觉得这些都不是关键，它们既不重要，也不妨碍他真正的尊严。而关于尊严，他有着极其高明而漂亮的见解。

那段时间，米哈依尔从莫斯科给他写信来，用的是这样的落款：

"你的微不足道的弟弟。"

"我不喜欢这样，"安东回信说，"为什么要这样称呼自己？又不是面对上帝，你无需承认自己微不足道。"

这也许带有玩笑的成分，但还是令人情不自禁地欣赏：一个十七岁的孩子这样教育一个十二岁的孩子做人的自尊和骄傲。

一八七七年，米哈依尔已经在莫斯科了。契诃夫家的一个朋友承诺监护巴维尔·叶果罗维奇的妻儿，并且挽救他的房产。他的确挽救了那所房子，不过是为他自己：他把房子拿去拍卖，再自己将其买下，他付清了那五百卢布，就毫不留情地把旧屋主逐出家门。可怜的母亲只好带着米哈依尔和玛丽前往莫斯科，留下安东和伊凡。接着，一个亲戚可怜伊凡，就把他收养了去。只剩安东一个人。

年仅十六岁，没有任何收入，父母只留下一句空洞的叮嘱：

"把书念完，自己想办法应付！"他住在不再属于自家的房子里，家具都被变卖，但这种不合情理的境况，在俄罗斯却也随处可见。

在俄罗斯，尽管生活艰难，但还是可以挺过去：要是没床睡，就去睡朋友家；自家没吃的了，就去别人家吃饭。夏天来了，可以到同学家住一两个月，要是这朋友正好要到别的朋友家住，那就跟着去。就这样生活在一群全然陌生的人当中，他们从不会为你的出现感到吃惊，不会认为你冒失。总之，这个十六岁的男孩子，在这样的时代、这样的国家，已然长成了一个大人，他已经习惯了靠自己。

安东是这样解决生活的：新房东给他提供食宿，作为交换，他为房东的侄子补课。那孩子几乎和安东一般年纪。安东被这个伯父剥夺财产，却和他的侄儿建立了友谊。身处曾经属于他的四面墙中，住在母亲被逐出门外的房子里，安东仿佛没有任何屈辱，任何酸涩。

他不抱怨命运。他勉励家人。家里还剩下一些陈旧的平底锅、长颈瓶、盆盆罐罐。安东负责将它们出售。他把债务彻底偿清，给母亲寄去她本应得的、微乎其微的一点钱，还写去愉快和鼓舞人心的信。他没有停止欢笑。也许，他的心时常是沉重的，但他真的那么不幸吗？他反正从未被娇生惯养，而这又是他人生第一次，得到了自由。不再有父亲！不再有讨厌的杂货铺！不再有教堂！他感到自己是个对自己行为负责的成年人，而不再是受鞭子威胁的小孩子。这是叫人兴奋的。他相信这是一种进步。

"从童年起我就信仰进步，"后来他这样写道，带着他惯有的那种半是调侃，半是伤感的口吻，"因为挨打和不挨打的两个时代对我而言可真是天差地别。"

他可以把所有空余时间都花在图书馆里,可以在朋友家逗留,可以去公园跑步,以及追女孩子。她们满怀殷勤地注视着这位聪敏出众的英俊男孩。比起他那些同样生活艰难,却无法独立自主的兄弟们,他幸运得多。他受到弟弟们的尊重,米哈依尔会从莫斯科写信来向他征求阅读建议。安东一丝不苟地给他提了不少中肯意见。《汤姆叔叔的小屋》居然让米哈依尔流泪了?呸!多么枯燥乏味的作品!他应该读读《堂·吉诃德》……还有屠格涅夫的一些评论,不过……"你还看不懂呢,小弟弟。"

这种全新的自由慰藉了安东,但并没有使他变得冷漠。在这三年的孤独时光里,他长大了,坚强了,无论是身体还是心灵。他这样的年纪,正值从童年步入少年的阶段,成长有如剥去一层血肉相连的茧,痛楚的伤口还在流血。

这个年纪,我们开始懂得掂量自己的痛苦,开始审视施加给我们痛苦的父母和师长。

安东对父亲的评价有理有节。诚然,正如他后来写给哥哥亚历山大的信中所说的那样(他从不向外人倾吐心声),"专制主义和谎言已经如此严重地扭曲了他的童年,以致回忆起来就感到恐怖和抵触",但他并没有怨恨。惟有小人常戚戚。至于母亲,他始终爱着她。目前,她仍是他最珍视的人。他知道她不会忘了他,他知道她一直忧心忡忡,被劳动压弯了腰杆。他写信给住在莫斯科的堂兄,托他照顾这位可怜的妇人,并给予她支持,言语间,是怎样的忧心而温柔!"在这个世界上,再没有比父母更值得珍惜的人!"此时,爸爸生死未卜……而妈妈,她应会远远地感应到他的殷殷关怀。

"写信给安东吧，"当生活艰辛到无法承受之际，她这样对亚历山大说，"请写信给他。向他说说我。只有他会同情我。"

在学校里，安东非常用功。他的成绩从未如此优秀。他读施皮尔哈根，读维克多·雨果，他也自己写作；他仍在编撰那份了不起的《口吃者》，寄给莫斯科的兄弟们；他还写一些剧本。戏剧依然是他的激情所在。他初试身手，有的是歌舞滑稽剧，有的是正剧，混杂着盗马贼、被掳的少女、抢火车等各种各样曲折离奇的情节。

这二年中，他曾去莫斯科度过几周时间，回来之后，他发现塔甘罗格是那么小，那么破！小城生活百无聊赖，夏天的夜晚，冷清的街道，弥漫着一股马粪、灰尘和蔷薇花的气味，这正是俄国外省的氛围。窗玻璃上透着点点灯光。在这个钟点，每户人家都在喝着晚茶，反复闲聊着那些嚼烂了的新闻旧闻，打着哈欠，无精打采地玩牌，同时还不知不觉地用油腻的食物把自己撑得打饱嗝，就这样一直持续到凌晨两三点，仿佛从椅子挪到床上去睡觉是要付出超人的气力似的。然而在莫斯科，这样的时刻，宝马香车正穿过人群熙攘的街道。人们去看戏，去听音乐会。女人们美丽又聪慧。"啊！莫斯科，莫斯科！"他并不幻想去征服首都。他不可思议地缺乏野心和抱负。他所渴求的，是滋养想象力与心灵的精神食粮。比如可以仰慕的人：莫斯科大学里的教授、作家、学者，这些人正是他想要认识的。那么可以爱慕的人呢？他早已看透"塔甘罗格那些卖弄风情的姑娘们。有几个长得标致些的，却又矫揉造作、目光短浅，她们的谈吐那么庸俗，思想更是愚蠢。"哦！"塔甘罗格的姑娘们"，这年轻的契诃夫对你们已经薄情了！这位少年渴望的不是征服，不是诱惑，而是尊重。但在这个迂腐的老城里谁又值得他尊重呢？他想到了米特罗方叔叔。孩提时代，他常常和兄弟们一起嘲弄这位叔叔。米特罗方和巴维尔·叶果罗维奇一样是个商人，但在家族中却算是有钱人，亲戚遇到困难时都会向他求助。他爱训诫人，他的教诲、他的道义、他浮华的腔调，都令人厌倦得要命，但他却是由衷的虔诚且仁慈。是的，这个米特罗方，尽管蒙昧、迷信、滑稽可笑，但却是安东眼中，塔甘罗格惟一一位值得他尊敬的人，也成为他衡量他人的标准！……

哦，离开！……怎样的梦啊！……但他什么也做不了。他必须忍耐，等待着终有一天，获得进入莫斯科大学的证书。

当他厌倦了公园，便去塔甘罗格的郊区，但这些地方与城市本身一样无趣。在海边，有一个地方叫做"隔离区"，是为了纪念很久以前曾经爆发过的鼠疫。那时，塔甘罗格的居民们被驱逐到这个村落。如今，这里盖起了几座别墅。富人们在草原和乌克兰拥有地产，小资产阶级则满足于在"隔离区"避暑。"这是一片光秃秃的小树丛……沿着一条平缓的马路，出城四俄里。往前走，你就会看见：蓝色的大海在左，阴郁的草原在右，无边无际……"

在海边一座廊柱粗笨、外观俗气的小楼里，安东一个人浮想联翩，或是与姑娘们在一起。沙滩上，微微的波浪温柔地低吟。圆柱子的高处用铅笔或是小折刀刻着人名。也许，安东·契诃夫和某个小姑娘的名字仍会互相依偎着存在那里一段时日，直到雨水将之冲淡，或是被其他稚气的签名、粗糙的刻画所覆盖。

在这幢小楼里，他还遇到一帮同学，当他们满腔热血、天真轻狂地谈论政治，当他们大肆发表激进言论、指点时势，安东总是微微低下头，一言不发地听着。在他的一生中，他喜欢倾听胜于发言。

终于，拜暑假所赐，安东又来到了大草原。他到一些朋友家住上一个月，下一个月又去拜访另一批朋友。旅途中，他有时在汽车上睡觉，有时住在破落的小旅馆。那是驿站上的小客栈，供买卖人歇脚，有时，还有盗马贼出入。

当冰雪开始消融，草原再度披上了绿衣，但在烈日的灼烧、大风的摧残下，就只剩下干枯而焦黄的草了。一切都被毁坏，鲜嫩的银莲花、野桃树上玫瑰色的娇艳花朵，还有那些由暴雨带来的"旅行者"，它们都是随着风的羽翼，横穿这片大草原的。

如此辽阔的幅员，让一颗渴望自由无拘无束的灵魂在欣喜之后，又无法承受它的沉默、它的单调了。这片大地上，没有森林，没有山脉，鸟雀噤声，花朵残败，难得有小溪流，也很快就消逝在炙热的土地上，无力再流向大海。

在一些住户家，还保留着原始的生活方式，有点像亚洲人。安东在其中一户人家住过一段时期，他在那里学骑马，学狩猎。狗会自己去寻找猎物，不需要人喂养，它们更像是狼而不是一般家畜。还有飞鸟被气枪击落在饲养场上。虽不能与莫斯科相提并论，但比起塔甘罗格的沉闷来，这里的生活显然快乐多了。

有一天，在乡间，安东独自散步到大草原中的一口井边。他走近它，长时间地凝望自己在水中的倒影。这是一个宁静又炙热的白日。天空似乎"出奇深邃和透明"，没有一片云朵，那样的蓝天无边地延展，仿佛穹顶似的，俯视这片荒芜的原野。这是怎样的寂静啊！忽然间，一个女子出现了。她提着木桶来汲清凉的井水。当她从安东身旁经过时，他发现她不过是一个小姑娘。约摸十五岁吧，很漂亮……她的一双光脚丫踩过高高的草。她把木桶搁在石井栏上。他们互相都没有言语，他们甚至没有抬起眼看对方，但他们在幽深的井水中望见了彼此微笑的面庞。什么都没有说，安东把这个小村姑搂到怀里，抚摸她，亲吻她。她并没有企图挣脱。她没有说话。她像天下所有坠入爱河的女子一样闭上眼睛。她的双唇张开，不为埋怨，不为了笑，只纯然为了亲吻。时间流淌。他们都害怕被人看见。他们松开手臂，却难分难舍。他一把搂住了她，两人的身体一起俯向井边，始终，没有言语。夕阳的余晖落在他们身上，一点一点地黯淡下去，天空呈现灰白色。天色已晚，女孩必须回村子去了。她沉默地离开，手中拎着那只忘了装水的木桶。

几个月后，安东离开塔甘罗格，前往莫斯科：童年，已经远去。

十一

这便是安东·契诃夫一家人（他的父亲、母亲、四个兄弟和一个妹妹；他自己当时已从家乡塔甘罗格的中学毕业。那年他十六岁）在一八七六年居住在莫斯科时的生活境况。

"咱家生意差极了……钱都已经用完。我们向米沙·契诃夫（住在莫斯科的一个堂兄）借了十卢布，也花光了……没别的新鲜事，翻来覆去就是这些老问题。家里已没有可典当的东西了。"（亚历山大·契诃夫给弟弟安东的信，莫斯科，一八七六年九月二十七日）

作为一个破产的杂货铺老板，父亲勉强逃脱了债务引起的牢狱之灾，他来到这儿找事做，可日子一天天过去，却仍一无所获。然而：

"我们成天、成天上教堂去，"亚历山大不无讽刺地写道，"而且，作为'前'商人，我们还到交易所里，听别人谈论什么塞尔维亚战争，就这样，每天当我们回到家时，还是两手空空。"

"家"是个困窘凄凉的地方。契诃夫一家不停搬迁，但所有住所对他们而言都太贵了，最后在一处简陋至极的小破屋里落脚：一家人挤一个房间和一间阁楼。到处又脏又乱。他们还收留了一只狗，几只鸟，然后一个年迈的婆婆也搬进来，和他们睡同一间房。俄罗斯式的漫不经心和粗枝大叶平添了几分凄凉的况味。亚历山大在写给安东的信中生动地描述了这种生存状态。说母亲身穿破旧的男式大衣砍木头,拖着沉重的水桶,哭个不停。十三岁的玛丽,已经像个女仆一样干活。最小的孩子小米哈依尔,因为家里缴不起注册费而没法进学校。两个年长些的,亚历山大和尼古拉,得与父母分享他们微薄的收入,他们去教书,给画刊小报撰稿。尼古拉很懒惰,并且酗酒。亚历山大引诱了一个已婚女人,这个女人利用他抛弃丈夫,拖着这个情妇和她那尚在襁褓的孩子,亚历山大从此一贫如洗。为此,亚历山大与父母之间产生了无止无休的争执,哀叹声、哭声、吵闹声不绝于耳。多么悲惨的一家人!"被打的在哭,打人的在骂,"亚历山大写道,"充满了烟味、混乱、逼仄……"(莫斯科,一八七七年二月二十七日)

"咱们的父母真是了不得。他们从未问过我是否有钱,怎么赚钱,是否赚到了钱以及钱多不多。他们不关心这些。他们只知道每月定期从我这拿走五卢布,更甚的是,他们每个月至少还会向我借八次钱……"

父亲自我安慰的方式,是高声向家人朗诵他从教堂执事那里买回来的布道书:"大家都在听着,只是有时候,我们的画家(尼古拉)会突然一敲他模特的脑袋,骂道:'上帝啊,我的老天,米卡,你什么时候才能学会摆姿势?转四分之三过去!'

'轻点声!杂种!'爸爸咆哮。

重归平静。朗诵完毕之后,布道书被挂在一枚钉子上,标上编号、日期、说明:'价钱:一戈比。感谢上帝。'"

生活的不幸没有妨碍大家醉生梦死。契诃夫家在莫斯科还有些亲戚,商店职员、小杂货铺主,如此之类……"他们的人生信条都是一样的:既然喝酒会死,不喝酒也会死,那么,不如

喝吧。"(亚历山大给安东的信,莫斯科,一八八七年十一月二十三日)

"常常,在夜里,契诃夫家聚集了男男女女……"(莫斯科,一八八七年三月)

桌上堆满了"不可计数的酒瓶"。大家一边喝着,一边唱起教堂颂歌,"耳根舒服,又打动人心"。醉醺醺,乐悠悠,放松的人们照俄罗斯的传统互相亲吻起来。而那些太太们,"忘却了日常生活中虚幻的忧愁,聊起天来……聊女装短上衣,聊流行趋势,云云"。

然后,全家人都躺到铺在地面的大床垫上,上面睡着:爸爸、妈妈、一堆孩子、再加上一个堂姐妹,还有米哈依尔和狗。

"和他们在一起过日子,"亚历山大诉苦,"简直是苦役犯的生活。"

父亲巴维尔·叶果罗维奇终于得到了一个管账的职位,但他很快就失去了这份工作,原因是:"他们给了我一张纸,"他抱怨道,"可我不知道上面写了些啥,他们说给我听,可我一回到座位上,就全忘光了。"

"我没法再为这个家工作了。"有一天,他这样对亚历山大说。

"当时我真想知道,"亚历山大写道,"至今为止他为这个家做过什么,他完成过什么工作,他又曾担负过什么困难的事务,他回答我说:'你看看天上的鸟儿。它们不播种,也不收成,它们从不在谷仓中积蓄……天父自会喂养它们。'"

他则心安理得地被儿子们养着。"爸爸和妈妈需要吃饭。"他常常抚摸着他的大胡子,用一本正经的腔调说。在后来的岁月里,安东也不时微笑着重复这句话:当他病了,别人催他多去休息,或者是有人说他写得太多,一个真正的艺术家不应这样多产,而应该对艺术怀抱更多的尊重,更多的耐心,他就会半开玩笑半带伤感地说:"可是你知道,爸爸妈妈需要吃饭。"

然而,即便巴维尔·叶果罗维奇拒绝抚养孩子们,他也从不曾放弃哪怕一丁点"天经地义"的家长权利。有一天,家人们惊讶地发现,墙上圣像的下面,挂起了一张作息时间表,由巴维尔·叶果罗维奇精心草拟并抄写出来,用以规范家人的行为。感谢亚历山大,使得这份文本如今还能被我们所读到:

> 定居在莫斯科的巴维尔·契诃夫家族在家务管理的各种事物和各项家庭职务方面的工作时间表。其中详尽考虑并颁布包括何时起床、睡觉、吃饭、去教堂以及以何种方式开展娱乐活动的规定:
>
> 早上五点到晚上七点
>
> 尼古拉·契诃夫,二十岁:负责照料和管理内部事务;
> 伊凡·契诃夫,十七岁:负责总务,并应根据本表执行!?

(亚历山大补充说:标点是原件中就有的,用以表达作者本人极大的震惊之情。)

米哈依尔·契诃夫，十一岁：

玛丽·契诃夫，十四岁：

每逢节日，七时至教堂参加彻夜祈祷式，六时半参加早弥撒，九时半参加晚弥撒。

注意：本表由家长巴维尔·契诃夫批准执行。未严格执行此表者将先受到严厉警告而后改正；处分过程中不得喊叫。

署名：家长，巴维尔·契诃夫。

这张表首先被十一岁的契诃夫（米哈依尔）所修改。动机是：推迟八分钟起床。然而有一天，伊凡被毒打了一顿，以致邻居都被他的哭叫声吵醒，前来制止。忽然有一天，巴维尔·叶果罗维奇厌倦了教育家的行当，这张表也就消失了。隐隐约约地，他感觉到孩子们开始批判他，并且开始反抗他。安东对此又是怎么想的呢？他知道亚历山大会不由夸张父亲的粗暴和愚昧，而且在现实之上添加玩笑的成分。但本质还是真实的。就是这样的，他的父母；这就是在莫斯科等待着他的家庭和生活。当时他写给亲人的信，我们已不得而知。一八七六到一八七八年间所有安东的信，都在家人接连不断的搬迁中丢失了——三年里，契诃夫家搬了十一次——或者，是被用来点火时烧掉了。亚历山大人自己，其实根本不关心安东。他给他写信是为了抱怨父母，为了让他支付开销（"给我寄些烟。在塔甘罗格卖一卢布的烟在莫斯科要卖到两卢布"），还有就是为了给他那些旧日女友们的情书，但他从没过问这个弟弟是如何维持生计的。只有一次，他淡淡地提到了安东的艰难，那只字片言是这样说的："从上一封信看来，你过的也并不是太好呵！唔！会过去的！"

不过，父亲总算在一间货仓找到了工作：每月三十卢布，并且提供住宿。这对契诃夫一家来说真是幸福的事，他们可以领到一点钱了，而且可以摆脱父亲的管束，因为他不再睡在家里，只有周日会回来。大家都松了口气。

十二

安东·契诃夫，一个十九岁的男孩子，来到了莫斯科。他寒碜地穿着一件显得过于窄小的男式西服，要费好大劲才能把纽扣扣上，头上戴着一顶小得可笑的帽子。他不再是个中学生了，终于！他现在已是一名大学生；他的第一志愿就注册到了医学院；他不再被强制要求遵守中学里那些苛刻的制度；作为独立的象征，他不再去理发，任其在颈后蓬松生长。一簇初生的小胡子出现在他笔挺纤细的鼻子下面。他的面庞是典型的俄罗斯人相貌，而且很乡土气：一张基督受难似的脸，目光深邃温柔，但嘴角却带着一丝嘲弄。

这段时期，他们一家人住在教堂下面一间潮湿的地下室里。从窗户可以看到街道和行人的脚。那里面是多么阴暗，空气又是多么沉闷！但是安东非常高兴能够与家人重逢，而且能生活在莫斯科。他并不孤单，他在塔甘罗格的两个同学也来同他一起住，他们出的房租可以使契诃夫家吃得好些，还能搬迁——再一次——安置到一处比较过得去的公寓。这个街区都是些简易平房，但这年轻人并不太在意。他对更美好的未来充满希望，充满热情。他踌躇满志。"我将会富有，"他说，"这是铁板钉钉的事。"不过，他既不虚荣，也不贪婪。财富，在他看来，意义非常简单．每天都能吃饱饭，养家糊口，尤其是，能有一个比较平静、整洁的生活。在整个契诃夫家族中，惟有他，有着自律的性格，以及对更高尚的精神生活的渴望。

亚历山大和尼古拉离开了家。父亲也不能指望了。安东成了年龄最大的孩子,成了一家之主,很快,他就(有意无意间)担当起对家人以及对自己的教育,并且终其一生,从未停息。

"这样不好,"他对愣在一边的小米哈依尔说,"撒谎、偷窃、跟妈妈顶嘴、虐待动物,这些都是不对的。"

但他的话不多——没有人比安东更不爱训诫人——他用以身作则赢得尊重。他总是那么谦恭、安静、愉快、性情平和。

渐渐地,这个家又重新振作起来。所有契诃夫家的孩子都天赋斐然。亚历山大写作。尼古拉画画。伊凡是小学教师:很快他就能够养活自己了。连米哈依尔也会通过替大学生抄抄写写来赚点小钱。而他,安东,将成为一名医生。害羞敏感的玛丽崇拜她的哥哥,她自己也长成了"一个勇敢的姑娘"。生活渐渐轻松了,有时候甚至是幸福,只要不去想烦恼的事。

所有年轻人都有十八至二十岁的同学,他们时不时在这个或那个同学家里聚会,最经常是在契诃夫家,因为在俄罗斯,穷人家从不会拒绝开放家门。契诃夫的朋友们在他家寄宿,每个月付二十卢布,这些钱改善了日常伙食。所有的房间都搭起了床铺。大家欢笑、合唱、高声朗诵、并且写作。亚历山大的几个短篇小说登上了画报,还配有尼古拉的漫画。为什么没有安东?在一八八〇年一份名叫《蜻蜓》的幽默小报上所刊登的《给有学问的友邻的一封信》应该是安东·契诃夫第一篇发表出来的作品。这个开端是微不足道的!他惟一的抱负仅是能时不时赚几个小钱。他写起来毫不费力,"半机械化地写作",后来他这样说。莫斯科所有的杂志、画刊、讽刺小报都被他投过稿,他不署真名,而是选择用一个笔名:"安托沙·契洪特"。他的兄弟、同学,也像他这样写作,一边赚稿费,一边取乐,他们也和他一样,"写成简短的、有趣的"。有时候,手稿完成却屡遭失败!被拒绝,被粗暴而轻蔑地扔进垃圾桶!没有人会想到照顾一个衣着寒碜,地位卑微,看上去缺乏才华,且愚昧无知的大学生的自尊心。常常,他们连看都不要看他送去的稿子:

"这个,算是小说?比麻雀的鼻子还短!"

有时恰恰相反,他们读后,会嘲弄地回答这个年轻的作者:

"太长了!平淡无味!"

然后又加上一句:

"人只有在评价自己的作品时,才会没那么多批判精神。"

安东却不灰心,烧了手稿,重新再写。他的随和创造了奇迹。他渐渐地适应了顾客的口味。他的文章被越来越频繁地刊登。有人算过,在一八八〇年他就发表了九篇小说,一八八一年有十三篇,如此继续。他的作品产量有规律地逐年增长,到一八八五年达到高峰。这一年,他发表的作品数量达到一百二十九篇小说、短剧和杂文。但他在乎的并非看到自己的作品变成铅字。关键是得到稿酬,这才是最重要,也最困难的。所有这些小报都是过一天算一天,周期性地面临倒闭。必须去恳求、哀求甚至威胁,才能拿回那几个戈比的钱,而更多的是徒劳的等待,和粗暴的拒绝!

"有时候,我们全体到报社主编那里去,一整帮人,为的是比较不无聊。'老板在吗?''在。请你们等一等。'我们等了一个小时、两个小时,然后我们失去了耐心,开始拍墙、敲门。终于出来了个睡眼惺忪的家伙,头发上还粘着绒毛,一脸吃惊地问:'你们要干什么?''老板在哪?''他早就出去了:赴饭局去了。''他没给我们留什么话吗?''他说改天再来。'"

通常是小米哈依尔被哥哥们派去，在编辑部与编辑部之间奔走。为了讨回三卢布的欠款……

"三卢布，"对方回答道，"我可没有！你要我上哪去弄？你要不要戏票？或者一条新长裤？你可以找这家裁缝店定做一条裤子。跟他们说把钱记在我账上。"

不由分说。

安东是否在构思和写作中找到一点点乐趣呢？不，没有！他写得很急促，带着厌烦，惟一留心的是不要超过报纸要求的行数。他对自己完全没有信心。在他小时候，就已经在耳光和拳打脚踢中被灌输了谦卑的性格。他无法摆脱这种在家庭、在学校都感受到的卑微。他并不觉得难受。这很自然。他，安东·契诃夫，有才华？别开玩笑了！他的小说是些"废话、蠢话"。的确，它们还很单薄：文笔繁复、调侃干涩、脱离实际，但是，但是……在字里行间，还是可以看见那个真正的契诃夫，带着他温柔而忧愁的微笑。一八八二年的文字中，有这样一段感伤的埋怨："第一场雪下过了，然后是第二场，第三场，于是漫长的冬天就这样开始，带着萧索，带着寒冷……我不喜欢冬天，我也不相信那些自称喜欢冬天的人。即使有月亮梦幻般的光辉，三套车，狩猎，音乐会和舞会，但冬天很快就令人厌倦了；它太过漫长；它扼杀那些不受庇护的生命、还有病人们……"(《姗姗来迟的花》，1882。)

十三

安东撰稿的报纸都是昙花一现。在那个年代,极少有幽默刊物能够获得广泛的读者和一定的成功。然而,在它们之中,有一家杂志却拥有众多读者,它属于尼古拉·亚历山大罗维奇·莱金,在彼得堡出版,名叫《花絮》。莱金本人就是一个相当知名的作家,在文坛和出版界都颇有声望。他很喜爱自己的刊物,并四处网罗有才华但穷困的年轻人,用经济的价格换得他们精彩的文字。彼得堡的作家们骄气又挑剔。所以莱金认为,在莫斯科,他更容易找到合适人选。那是一八八二年的一个冬日,莱金在饱餐之后,叼着高档香烟,与一位朋友坐在雪橇车中,聊起行业的艰难,青年时代的抱负,以及他想发掘一名聪明又谦逊的撰稿人的强烈意愿。当时天还亮着。白雪覆盖了街道。莱金的那位朋友一边听着,一边漫不经心地看着路人。突然,他发现两个衣着破旧的年轻人在向他们打招呼。莱金问道:

"那是谁?"

"是契诃夫两兄弟,安东和尼古拉。一个会画画,一个会写点小说,最近他发表的东西还挺好看的。"

"这么说,"莱金叫起来,"他们可能对我有用!"

他们停下雪橇车。两个人走下街道。在路上没法长时间交谈:因为空气太冻了。莱金、那位朋友以及契诃夫兄弟一起走进附近一家小酒馆里。他们点了啤酒。

"能不能给我看看你们的文章、还有插画?"莱金问道。

当然可以!写作和画画对他们是多么容易的事。安东尤其可以确信自己。尼古拉往往应承下来后，却因太懒散而没能完成他的画，无法在截止日期交稿。他浪费了自己最牢靠的天资，周围的人都这样认为。他不考虑未来。但这个受结核病侵蚀的男孩，也许早已预感到自己并无剩下多少未来。安东则不同，他不惧怕工作，当他望着、注视着这位受人尊敬的莱金先生，这位饱受赞誉的著名作家时，他的心中终于被唤醒了雄心壮志。毕竟，他会期待，也许有一天，自己也能够享有相似的声誉？

他愉快地回答说他可以立刻寄给莱金先生四五篇小说。

"要短小精悍，明白吗？还要趣味浓厚。读者只喜欢这类的。审查机关盯着呢。要避免严肃的主题。最好要轻松、诙谐、灵巧、明快……"

安东全都赞同。生活真是美好。那么，稿酬怎样？

"每行字八戈比。一篇文章四到五个卢布。"

太棒了。

"你还可以给我们寄些短剧、歌舞剧本……"

安东想到他所有那些被拒绝的稿子……这下走运了！还有亚历山大的那些。他从不忘将家人的命运与自己的联系在一起考虑。他不仅要和尼古拉分享这份好运。他还想到了长兄，他此时不在莫斯科。

"明天，明天我就给他写信，"安东想，"让他寄些五十到八十行的小说来……他可以立马写出五篇十篇来的……"为什么不呢？写作就和说话、和呼吸一样简单。年轻的契诃夫从不会知难而退，如若必要，他能上演匈牙利贵族和"半上流社会的巴黎人"(《无用的胜利》，1882)，而实际上他从未离开过俄罗斯，他只认识莫斯科的大学生、商人和小市民。这又有什么关系呢！这些都能取悦大众。"莫斯科的民众完全没有品味,没有文化!"

忽然,契诃夫对莱金说:

"能否给我几本您的书呢?我会珍藏它们。我要把它们精装起来。"

莱金微笑着答应了:这对他是极大的恭维。安东满心喜悦。新朋友们相互道别。

"我们现在有活干了。"剩下他俩独处时,安东兴奋地对弟弟说。

生平第一次,他感到骄傲,不是为自己的作品,而是为将要发表这些作品的刊物。他写信给亚历山大:

"应该说,《花絮》是时下最流行的刊物……到处都有人在读它……我现在有权蔑视其他报纸了。"当然,他还有许多工作要做。至今为止,他甚至还未花功夫去誊清自己的手稿。但他准备动手了,他想,如果必要,他还会修改它们。现在缺的,是时间,是一间安静的房间。是心灵的平静。他二十二岁了,但他还需要向身边的人借五个或十个卢布,借一套西服,借一双靴子。啊,这样的日子总有一天会结束的!只等他当上医生。文学不过是业余的。他真正的事业在其他方面。不过,在聚满了人的餐厅,听着周围兄弟们、同学们的笑声和谈话声,自己也跟着笑着,喝着大杯茶,契诃夫还是在餐桌的角落里,写出了他最初的那些小说。

他同时还替莱金跑腿当记者。他觉得很有意思。他对一切都感到好奇。剧院、诉讼案、街头、商店、入室盗窃或是解剖现场,所有这些都为他的小说提供了素材,也增长了他的阅历。他还非常年轻,但已经见识了广袤的俄罗斯大地上形形色色的人。

在塔甘罗格：有小店主、神甫、中学教师、农民、水手。在莫斯科：有商人、官员、碌碌的小资产阶级、大学生、小市民、伙计、马车夫、清洁工。一八八三年，他的弟弟伊凡在莫斯科附近的一座小城市里当起了小学教员，契诃夫一家夏天时便去那里住。安东认识了驻扎外省的军人，还有那里的年轻姑娘们。不久以后，他在一家医院里工作了。在那里，他又认识了新的人。离城不远有一座修道院，安东前去拜访，与僧侣们交谈。那些人，那些事，那些境况，是如此迥异，如此值得关注，它们深深吸引着安东，他创造了一叶扁舟般的世界。有一天，一位作家当面对他说，在他的小说当中很难看出主题：

"您说什么？"契诃夫叫起来，"我的小说可以关于任何人，任何事……"

他的眼睛闪闪发亮。他环顾四周，想随便找出一件物品，于是他拿起一个烟灰缸：

"这个！您瞧！我明天就可以写出一篇名叫《烟灰缸》的小说。怎么样？"

年轻、愉快、热情洋溢、朝气蓬勃，他观察世界时惟一的渴望就是从中寻找轻松小说的题材。顾客的需求是这样的。有时，他想写庄重或悲伤的主题。他为此向编辑申辩："我觉得，"他说，"写上一点点严肃的东西，不会令读者不乐意的。（逐字逐句地说是：不至于倦了读者的眼睛。）"但他知道自己应该当心，人家即便肯通融一次，可终归还是要他写逗乐的小文。这很叫人遗憾，因为，这种不惜一切代价调笑逗乐的职责终于使他心灵疲惫，并且唤醒了内心深处莫名的忧伤。不过，对于正当年轻的契诃夫，只要有巧笑倩兮的女伴，只要与她一起欢笑，对生活也就无甚多求了，但是……写作，并不只是"废话、蠢话"，还应该环顾四周、观察现实，然而现实是相当丑陋和悲苦的。受骗的丈夫们（《双兔难追》，1880）、粗暴无知的家长（《爸爸》，1880）、愚昧的婚姻（《在婚礼前》，1880）中，常常都以苦笑告终。不过人们还是笑了。还能怎样呢？

十四

十九世纪六十年代的俄罗斯,绝大多数民众都希望废除农奴制,渴望社会改革,并期待一个更美好的未来。在他们看来,一切罪恶的根源便是沙皇对农民的奴役。在不断的申诉呼喊中,他们中产生了俄国农民的偶像、楷模。这些人不再被看作一个与百姓并无差别的普通人。俄罗斯的"知识界",尽管经历了几百年来苦难的侵蚀,还是用尽全力地从光着脚丫、胡茬邋遢的这个伊凡、那个德米特里身上,看到先知,看到圣贤。终于,农奴制被废除,粗鲁蒙昧的农民站了起来,与他们曾经的统治者一样残暴和卑劣。尽管社会解放了,但生活还是同从前一样悲惨。至于贵族,他们已日薄西山。农业部门运行得十分艰难。政府的腐败——在俄罗斯古已有之并且永无止境——从果戈理起就不曾改变过。自一八八一年三月一日谋杀案之后,革命变得无所不能、一呼百应,那也是尼古拉一世时代最黑暗的一段日子。愚蠢的审查,残暴的风气,革命者和政府争相残酷进攻和镇压,这几乎就是八十到九十年代俄罗斯社会的面貌。人们感到的只有失落和冷漠。那么多崇高而盛大的理想,那么多牺牲的生命,为的是什么?人们已经厌恶了政治和社会改革。只剩下工人阶级还在行动,但他们与"知识界"的距离很遥远。后者对农民阶级失望,又忽视工人阶级,或许,他们是担忧自己是否能够了解这个阶级。如今反观,我们已然明了,在那之后的岁月中究竟埋伏了什么,尽管显得那么悲怆,特权阶级的感伤和冷漠,终究走向的,却是最恶劣的结局!

不过，无论在什么时候，人们都会寻找活下去的理由。这里且不谈在青年当中反响强烈的马克思主义，它的成果要晚些年才会显现。在八十年代，俄罗斯的精神走向分为三个趋势：

首先，是日行一善派的顺从和实践主义（"别白日做梦了，"他们说，"惊涛骇浪的大革命有什么好处呢？不如每个人在自己的位置上各尽其职。给饥民提供食物，建造学校、医院，安守本分、善良仁爱，这样就足够了。"）

再者是极端个人主义（为艺术而艺术的理论）。

最后，是道德的自我完善，由托尔斯泰所揭出。

遗憾的是，没有哪条理念能够完全满足"跃跃欲试的人们"。俄罗斯太庞大，太苦难了，它使那些"日行一善派"不得不失望。你可以建立一所学校，甚至十所、一百所，但是，面对千百万文盲，又有何用呢？你可以给一个村、一座城的居民提供食物，但所有其他还在忍饥挨饿的俄罗斯人民，又怎么办呢？在一个不论老少都会偷盗劫掠的国家中，你要如何保持善良本分，又为何要保持呢？再说到个人主义，仔细想想，它也好不到哪儿去：除非你没心没肺，否则，谁又能忘却千千万万无辜人民的苦难？那么，还剩下什么？道德的自我完善，托尔斯泰探索到的真理？这个理论对灵魂固然具有强大的力量，但却同样不能给人带来幸福。八十年代的人们忧愁、焦灼，被懊恼、顾虑、明争暗斗和不祥的预感吞噬着。

没有哪个时代能比那段岁月更异于我们如今的生活。这些人，在我们看来是幸福的。他们全然不会明白我们今日所承受的痛苦。他们向往自由。他们没见过压在我们头上的专制暴政。他们住在自己的大房子里，所知的战争不过是在帝国边界，极为遥远的土耳其战争或者一些耕地冲突和罢工,而从来无法想象我们的动荡,无法想象我们有多么羡慕他们!然而,诚恳并深刻地去想一想,他们其实是不幸的,也许比我们还要不幸,因为他们没有意识到是什么令他们承受苦难。罪恶的统治,就和今日一样;虽然尚不似今日这般,呈现末日灾难的模样,但思想的暴力、卑劣和腐败已然到处都是。和今日一样,这个世界已经分裂为丧失理智的刽子手和逆来顺受的牺牲品,但所有人都自私、狭隘、盲从和庸常。人们等待着作家来说出这种庸庸碌碌,不含愤怒,不含憎恶,而是心怀深切的同情。

于是,在当时,文学对灵魂具有强大的力量。悠闲、有教养、敏锐细腻的读者所追寻的,不是浮夸的消遣,也不是纯粹美学上的满足,而是一种教义。俄罗斯作家对文字有着最好的感觉,他们称得上是大师。人们不会像欧洲的读者那样,含含糊糊地请教:"我们是谁?"他们会焦虑地追问:"我们将何去何从?"而所有作家都在尽力以自己的方式回答这个问题。《卡拉马佐夫兄弟》问世了。萨尔蒂科夫·谢德林写出了《戈洛夫廖夫老爷们》。这是最后的叙事时代,完美并且感伤,一个属于屠格涅夫的时代。托尔斯泰是国王,是上帝。在所有受到整个俄罗斯推崇的大师们当中,安东·契诃夫,一个默默无闻的年轻人,只是为着生计,开始写他的小说。

十五

这是凌晨一点钟,在八月。安东正在写作。夜晚,俄罗斯人的家中没有谁会想着去睡觉。他们长时间地喝着夜茶,朋友们经过窗口,看到灯亮,就会上门来,而且一坐就不愿起身。契诃夫爸爸在高声朗读他特别中意的连载小说。他可以接连几个小时高声诵读,不知疲倦。只有他的妻子在听着。安东的几个弟弟在嬉笑聊天。不知是谁打开了音乐盒子,于是《美丽的伊莲娜》的曲调混杂着婴儿的啼哭从邻室传来。那是亚历山大的孩子在哭。亚历山大自己睡在安东的床上。安东则能住哪就住哪去。俄罗斯人的殷勤好客宽宏无边。

亚历山大终于摆脱了他的第一个情妇,但他几乎立刻再度开始了婚姻生活。这次还是一个已婚女人,而且,是一个犹太女子。他在塔甘罗格的海关处谋得了一份职位。("我的哥哥亚历山大是个滑稽的人,"安东写道,"当他进入塔甘罗格海关时,所有的东西都已经被盗走了……")可怜的亚历山大!债务和酗酒使他的生活犹如人间地狱。当他不喝酒时,他活泼、风趣、富有魅力,是一个可爱的同伴,一个诚实的人。但是,只要一杯酒下了肚,他就失去了理智。他向家人、向朋友、向陌生人借钱,却从不曾偿还过一个铜板。他负债累累。他向所有人诉苦。天知道当时是出于什么缘故,是骑士风度还是感情用事,意志薄弱抑或发乎爱情(他自己也不知道),才会把这个堕落中的女人捡回来,而现在这女人令他嫌恶。他辱骂她,有时还虐待她。他动不动就哭。他爱撒谎。他装作爱自己的孩子实际上却对他们不闻不问,拳脚相加。尼古拉也好不到哪里去，他的情妇和亚历山大的老婆是姐妹。尼古拉也贪杯，而且咳血。但人们比较常去看望的是亚历山大，当一切都糟糕透顶的时候，他带着老婆、女仆、家具、一篮篮衣服还有孩子，去了莫斯科。他们全都住到安东家里，靠他的收入过活。

安东在写作，不理会音乐盒里的乐曲，父亲单调的朗读，以及生病孩子的哭声。可是，这一夜，亚历山大感到比平时更加不幸。他实在需要找个人抱怨，需要被人安慰，而哪个听众能比安东更合适呢？他打着哈欠，唉声叹气地走进了弟弟的房间。他没完没了地跟他谈孩子的问题。"她肯定是肚子痛，所以才会一直哭。"而安东是医学院的学生：可以从他那得到免费的建议。然后，他又开始了无止无休的叹气、抱怨。他毁了自己的生活。诚然，他有过错，但没有一个人同情他，没有一个人理解他。他谈起自己的健康（情况恶劣），还有妻子的健康，谈起他的烦恼，他生活的空虚感，他那些趾高气扬或是奴颜婢膝的同学，谈论人生、社会风气、政治以及上帝。安东恭顺地听他说着。婴儿扯开嗓子哭叫，盖过了老人的说话声，盖过《美丽的伊莲娜》的曲子，以及餐厅里没完没了的"闲聊"。"要有一个安静的房间，"安东想，"一个属于自己的角落……"他搁下刚刚动笔的稿子。亚历山大直到黎明时分才放开他。哥哥在讲话的时候，安东就把几篇完成的小说塞进信封中，写上莱金的地址，并草草留下这样几行字：

"这次寄发的稿子还不是好的作品。思想苍白，篇幅也太短。我有一个更好的题材，我很快就会把它写出来的，只是这次，我的运气不佳。"（莫斯科，一八八三年八月）

夏天到了，契诃夫一家离开莫斯科。父亲、母亲、孩子们，带着尼古拉的画稿、安东的草稿，还有茶炊、果酱罐和平底锅，到城郊寻找比较经济划算的落脚点。一八八五年，他们租下了巴勃基诺的一座小屋。主人的房子在花园的一头，另一头，就是契诃夫家的住所，一座又长又矮的木房子。

他们在开春时来到此地：

"现在是清晨六点钟。主人家还在睡觉……安静得出奇……当我们抵达时，是深夜一点了……别墅的大门没有关上……没有叫醒屋主，我们就走了进去，点亮了灯，发现这里超出了我们的预期，房间大极了……家具也超乎所求……安顿下来后，我理了行李，坐下来啃一片面包。再喝上一点伏特加，一点葡萄酒，还有……你知道吗，越过窗台，眺望远处，树木的阴影映上河流，是多么愉悦的感觉……我还听见夜莺在唱歌，我简直不敢相信自己的耳朵……"

这是一八八五年五月十日。他写信给留在莫斯科的弟弟米哈依尔。他不喜欢在通信中倾诉心曲。而他对大自然的爱，也属于这种内敛、深沉的感情的一部分，只有在文学作品当中，才会流露。因为写作时是不一样的，那是自然而然的。在那时，文字所抵达的，是一个想象中的、不可见的影子——读者——而不是他的小弟弟米哈依尔，一个有证据嘲笑你的人，他会知道你为了赚稿费，使用了多少次什么夜莺的歌声啦，"树木的阴影"啦，河流啦。但今夜，安东感到很幸福，那些忧虑也烟消云散。首先是金钱上的忧虑："一次支付二十五卢布太困难了。"（1883）"离开莫斯科，才把我从那些生日宴会中解救出来，花在它们上的钱比任何一次旅行的费用都大。"（1884）"没有钱。《彼得堡日报》还是一分钱都没寄来。《消遣》的稿费不够面包屑。《晨钟》那里也拿不出十个卢布……"(1884)家庭的忧虑:"尼古拉身体很差,又赚不到钱。亚历山大更是糟糕。"(1884)最后才是对健康的忧虑:去年,他已感觉到不舒服,有一天:他咳血了。"出血是一个危险的信号,就像火灾之前跳动的火苗。"

那一刹,他颤抖了。他不想死。生活是美好的。生活中还有那么多迷人的东西——比如,漂亮的女人。他喜欢美女,这是一个男人最正常的喜好,他可不是禁欲主义者。再比如,大自然、散步、书籍、戏剧、友谊。这染血的手帕意味着……死亡吗?他的自救,不是以放弃、傲慢或科学的态度,不是以西方人的效率,而是凭斯拉夫人的懒散,就那么与现实对面而坐,长久地、牢牢地盯着它看,一动不动,不想逃脱,就那么盯着它,直至它终于自动瓦解,消融成一团雾气,然后消散,然后消失。他没有想到治疗,没有想过改变生活。"我有咳血的毛病,"他给亲人写信说,"但不是肺结核。"

不该想到这些的,在这样的夜晚。摆在他面前的,是几个星期的休息时间。他到河里游泳,他去钓鱼——水中满是鱼。巴勃基诺的主人,基塞辽夫一家相当和善可亲。尽管有社会阶层上的差别,但他们对契诃夫家没有表现出丝毫的傲慢:"她(基塞辽夫女士)送给妈妈一个果酱罐,"安东写道,"她人真的非常好。"总之,未来看上去是相当光明的。那么,这一年,他完成医学院的学业了吗?很不幸,他的朋友太多了,他们总是打算到他这来,但没有人想到付钱。甚至从外省也要来拜访他。这确是一种肯定和恭维,但像这样的信件咨询是根本不收费的:

"奥诺夫里·伊万诺维奇的小女儿怎么样了?我妈妈跟我提

起过这事,但我懂得的实在不多。每天早晨用盐水给她洗澡吧(一两桶清水的量配上一勺的盐。)"

出于谨慎,他又加了一句:

"另外,你们那儿的医生应该比我知道的更多啊。"

在这样一个五月的夜晚,这样一个安静沉睡的屋子里,在所有漂游的遐思当中,惟有一样,从未曾走近他,从不曾侵扰他。那就是对荣誉的念想。它太遥远了!然而……

十六

格利果罗维奇致契诃夫的信（圣彼得堡，一八八六年三月二十五日）：

尊敬的安东·巴甫洛维奇：

大约在一年前，我偶然在《彼得堡日报》上读到了您的小说，如今我已忘了它的名字。我只是记得，当时我被它那特别的独创性所打动了，尤其是那出类拔萃的精准，以及对人物和自然的真实描写。

从那天起，我阅读了所有署名"契洪特"的小说，尽管从内心上来说，看到一个人如此看轻自己乃至认为有必要用笔名来写作，使我感到很生气。您知道，我不停地向苏沃林和布列宁推荐您的作品。他们听了我的建议，如今，他们和我一样，丝毫不怀疑您的才华——一种能够使您列入俄罗斯新一代最杰出的作家之列的才华。我不是一名记者，也不是出版人。我所能为您做的，只是阅读您的作品。当我说起您的才华，我是怀着深信不疑的感情说起的。我已经超过六十五岁了，但我依然保持着对文学的深爱。你们的成功对我来说，是多么可贵。当我在其中看到某些富有生命，富有天赋的作品时，我总是无比欣喜，总是情难自禁——正如你看到的这样——情难自禁地要向你们张开双臂。但还远不止这些。我还想说的是：从您那无可争议的天赋中所体现出的多样才华，您对内心分析的真实，您描写技艺的纯熟（暴风雪，夜，《阿加菲娅》中的背景环境，等等），还有您的审美，比如在某些段落中出现的，对日落时分云彩的完美描绘，您说它"就像燃尽的煤一样"黯淡下去，如此种种，都让我确信，您应该创作出更多佳作，创作出真正的艺术作品。您若辜负了这份厚望，您就是精神上的罪人。为此您应该做的是：尊重自己身上那份难得的天赋。别再赶工写作。我不了解您的经济状况；如果您境遇贫寒，那么，还是请您宁可忍受饥饿，正如我们曾经经受的那样，但仍要保持您自己的印记，写出有内涵的、完善的作品，不要一蹴而就，而要在灵感的浸润中完成。一部这样的作品将会比小报上内容空洞的炮制品高出百倍的价值；很快地，您会获奖；您会为那些文人雅士所注意，到处都会有人阅读您的作品。

这些天，有人告诉我，您的文章要集结成册了；如果它们署的是契洪特这个化名，那我恳切地请求您致电编辑，要求用您的真名出版。在《新时报》上您最近发表的小说，在《职业猎手》获得成功之后，这个名字将家喻户晓。

格利果罗维奇

契诃夫致格利果罗维奇的信（莫斯科，一八八六年三月三十一日）：

您的信……如雷电般击中了我。当时的我几欲落泪，动情不已，直到现在，仍能感觉到它在我灵魂里留下的深深印记。您向我的青年时代报以微笑，我也请求上天延缓您的衰老。我，我找不到言语或行为来表达我的感激之情。您若知道普通人是以怎样的目光看待像您这样的精英，您就会明白您的信对我的自尊心意味着什么。这封信的价值胜过了所有的证书，而且，对于一个刚刚起步的写作者，这是一份既发给现在也颁给未来的赏金。我如坠云雾。我尚无能力判断自己是否配得上这份崇高的奖赏。我只能再说一遍：这奖赏震动了我。

如果说我有什么值得尊重的才华，那么，我要在您纯正的心灵前起誓，我从来不曾尊重过它。我感觉，才华我是有的，可是我一向认为这点才华无足轻重。只要有一点简单的外因，就足以使我对自己不公正，对自己极端怀疑，极端不信任。而这类原因，现在回想起来，之于我，是相当多见的。凡是跟我接近的人都一向用鄙夷的态度对待我的写作事业，不断地好意劝告我不要再用这种乱涂乱抹的行当代替正经的工作。我在莫斯科有几百个熟人，其中有二十来个是从事写作的，可是我不记得有谁愿意读读我的作品，或者把我看作艺术家。……我在报刊上混了五年，大家都认为我在文学方面毫无成绩，这种普遍的看法已经深入我的心灵，使我很快也习惯于用这种鄙夷的态度对待自己的工作，所以——我也就这样混下去了！这是第一个原因。……第二，我是医生，医务工作忙得不得了，因此要说到"两个兔子"这句俗谚让人辗转难眠，恐怕谁也没有我体会更深了。

我写这些，只是为了在您面前稍稍开脱自己的大罪。在这以前我对自己的文学工作一直极其轻浮，漫不经心，马马虎虎。……我一边写,一面极力不把我所珍爱的形象和画面用在小说里,上帝才知道我为什么那样小心翼翼地把它们珍藏起来。

这是一封多么亲切的信啊,首先,它促使我用批判的眼光审视自己的作品,就像真诚直率的苏沃林促使我做的那样。我正要写一些看得过去的东西,但尽管如此,我还是不敢相信自己的才华。

就这么突然地,您的信到来了。请原谅我打一个这样的比方:这封信对我产生的效力,就像是官府下达了命令"限在二十四小时内离开本城!"也就是说,我突然地感到一种不容置疑的必要性,必须立刻行动,尽快脱离这个我所深陷的泥沼……

我将摆脱仓促的写作,但这需要一些时间。我不可能脱离现在的常规生活。我拒绝忍饥挨饿,因为我已经受够了饥饿,现在我不用再忍受了……我放弃闲暇娱乐,投入文学,每天两三个小时,以及夜晚的一些时候,也就是说,在做不了重要工作的一些时间里。

夏天,当我有更多空闲,并且开销不大的时候,我就会严肃认真地写作。

在我的书上署我的真名是不可能的事了,因为已经太迟了:书已印刷,装帧完毕。在您之前,彼得堡也有很多人都曾劝我别草草用一个笔名糟蹋了这本册子,但我没有听他们的意见,也许是出于自尊心吧。我并不喜欢我的书。它不过是瓶酸醋调味汁,是一堆杂乱无章的学生习作,被审查会以及诙谐小报的编辑扒光了羽毛!我相信,很多人读了它后都会失望的。要是我早知会有人阅读,而且您也在阅读,我真不会让这本书出版。

一切希望都在未来。我才二十六岁。也许我还是能做成些事情,尽管光阴似箭。

原谅我写了这样长的一封信,请别指责这个写信人,他是生平第一次,鼓起勇气允许自己,怀着如此巨大的喜悦心情,写信给格利果罗维奇。

十七

几个星期之前,《新时报》的主管苏沃林致信契诃夫,向他约稿。这并不算荣誉,但却是他的第一道光芒。《新时报》是圣彼得堡最大的报纸。诚然,契诃夫欢欣鼓舞,然而这与读到格利果罗维奇的信时的感觉,还是无法比拟的。他是那么谦逊的一个人,这些年来的文字生涯并不曾使他萌生欲望,却唤起他胸中宽广的敬重。尽管他颇具犀利的批评精神,但当他打算苛刻地评论一部作品的时候,他总是诚意地尊重人本身。作为年纪轻轻的无名小卒,能够受到这样一位同行前辈的赞赏,他深深感动。不过,来自格利果罗维奇的这封信,与其说是令他触动,令他欣喜,抑或是为他铺开了道路,最首要的一点还是:它使得契诃夫更深地认识了自己。

在此之前他是怎样的呢?一个热情洋溢的孩子,天真地为着能够工作,能够尽其所能,能够赚一点小钱而感到快乐。在一八八五年他写给塔甘罗格的老米特罗方叔叔的一封可爱的信中,安东满意地描述了契诃夫家在社会和经济地位上取得的显著成果(别忘了米特罗方可是家族中一位富有的亲戚,别人经常在需要时求助于他,这个侄儿则希望能够得到他的看重):

"……我的行医事业进展顺利。我细心照料并治愈病人……自然,我还没有财富,也不会那么快就拥有,但我过得很舒适,什么也不缺。只要我还活着,并且身体健康,全家人的生活就有保障。我买了新家具,一架上好的钢琴,家里还有两个女佣。有时我会举办小型的音乐晚会,大家唱唱跳跳……曾经有段时间,我们得靠赊账来维持伙食（买肉和一些食品）。如今，我使一切的供给保持正常，我们用现金付款。"（莫斯科，一八八五年一月三十一日）

这下一切都改变了。诚实、勇敢、勤劳还并不足够：才华，负载到了安东的肩上。也许，自童年时候起，他就一直拥有它，但这是第一次，他意识到它。他那本将要出版的小书《五颜六色的故事》，并不简简单单只是用来消遣，用来谋生，而是对读者、对评论，乃至对他自己，担当着严肃而沉重的责任。他曾是默默沉睡的作者，苏醒后一鸣惊人。难以想象，不是么？他不禁感到可笑又辛酸，因为名气、同行的嫉妒、读者的崇拜和生活的现实是那样不相称："我口袋里剩下四个卢布，这就是全部……我又咳血了。"（契诃夫致朋友比利宾的信，莫斯科，一八八六年三月四日）

但这算不了什么。至今为止，他一直是自由的。他可以随心所欲地写作。从此以后，人们开始期待他的表态。俄罗斯的大作家还不够多么？应该再添一位。广大蒙昧的、具有可塑性的民众期盼着有人来教他们如何生活，如何思考。那么，这位新手将属于哪一派呢？是向着左派还是右派，反动分子还是自由主义？第一步将决定整个未来。已经有人指责他受苏沃林支配。（《新时报》常被左派的人羞辱：怎么可以为这样一个受政府控制，有时还被沙皇阅读的报纸写稿呢？）安东想，约束是可恨并且可耻的。是的，格利果罗维奇的信使他学会去阅读自己，阅读自己的心。直到今日，他才知道，自己是多么厌恶暴力，无论是何种暴力。从童年时代起，他就强烈渴望捍卫自己的心灵自由，自己的尊严。他成功做到了，尽管有鞭打，有苦难，还有磨人的工作。如今，好运以这样奇怪的、出乎意料的方式降临到他的头上，是否也会将他奴役呢？不，绝不！

然而，必须回应别人对他的期望。此时人们期望的是什么呢？是要他郑重其事，写出长篇严肃的文字，每一行都要富有教益。

他匆匆忙忙地修改自己的小说。几乎是在不知不觉中，而且是在绝对不曾预想的情况下，他已写出一些杰作来（《英国女子》，1883；《巫婆》，1886；《职业猎手》，1886）。短篇小说想要取得成功所要求的品质，也正是契诃夫与生俱来的素质——其一，幽默的天赋：长篇的悲剧能给人以宏大壮阔的命运感，但一个短篇若是充满太多沉重和灰暗的悲伤则会令人不堪重负，产生抗拒。其二，节制：长篇小说作家可以（并且必须经常）表述自己，而对于一个短篇小说的作者，这是不可能的，时间不允许，由不得作者展露自己的复杂性和丰富性，对他而言最明智的做法是：保持距离感。最后，则是在表达手段上的简洁，也许这也正是节制的直接结果。在这一点上，他做记者的经验对他很有帮助：快速地观察和记录，这是做新闻记者的法则，同时它也磨砺出契诃夫的洞察力，赋予契诃夫奇迹般敏锐的思维。在他的文字中已然穿透出显而易见的冷漠，这种无动于衷令他后来遭到指责。但这也是一条法则。一名短篇小说的作者若是对自己的人物表现出同情，就将面临变得敏感而荒谬的危险。也许，他也没有闲暇纠缠于他所刻画的人物。对于一部长篇小说，我们可以进入限定的环境里，沉浸其中，依恋或是憎恶。但短篇小说则好比是一座陌生的房屋前一扇半开半掩着的门，刹那之间，旋即关闭。

我们不禁想到契诃夫医生的身份。他向我们展现的,与其说是一个记者的体验,不如说更多的是一个医生的体验:精细的诊断,不带偏好之情,不怀恻隐之心,而是一份深沉的同情。

契诃夫修改手稿,像读他人的作品一样重读自己的小说。它们中的大部分都是匆匆写下的,有时太过漫不经心。于是他开始了一项特别而深刻的工作。他走上了一条对作家乃至对大多数人来说是逆向而行的道路。不是从自己走向他人,而是从外部世界出发,抵达自身。他是谁,他,契诃夫?后来,描写他的评论和传记都说在一八八六年到一八八九年间他转变了,变成了另一个人,另一个作家。事实上,他并没有改变;他只是认识了他自己。这种对自身的体认,这种至高无上的学问,对灵魂产生了与其他所有学问一样的效力:它使他变得更加冷静,也更加伤感。从外表看来,他没有变化。对他的家人和朋友而言,他还是那个愉快、可爱、简单、亲切的安托沙,那么热心、那么快乐地看待周围的一切,提携兄弟,追求姑娘。而在内心里,"成为一名大作家并不是什么巨大的幸福。首先,生活是乏味的。从早到晚地工作,却收入甚微。我不知道左拉和谢德林是如何生活的,不过,在我家里,烟雾缭绕,而且特别冷……"(致基塞辽夫先生的信,一八八六年九月二十一日,莫斯科)

"所有的人都活得愁云惨雾。当我认真起来,我会觉得那些恐惧死亡的人是没有逻辑的。就我对事物所能做出的理解来看,人生不过就是由丑陋、烦恼以及平庸所构成,相互交叠,接连而至……"(致基塞辽夫先生的信,一八八六年九月二十九日,莫斯科)

不过,荣誉也并非没有其可爱的一面。契诃夫说,人们开始会在路上认出他，向他小献殷勤，甚至请他吃三明治。然后，家人开始分享安托沙的成功。契诃夫在写给塔甘罗格的米特罗方叔叔的信中将这份喜悦表露无遗："……圣诞节前，一位彼得堡的记者来到莫斯科，他将我带到了彼得堡。我的旅程紧凑，坐的是头等车厢，这对记者来说是很昂贵的。在彼得堡，我受到了人们热烈的欢迎，在接下来的两个月里，我的耳畔始终都萦绕着一片称颂之声。在那里我有一处非常不错的住所，两匹马，饮食丰盛，还有出入各大剧院的免费门票。我有生以来从未像在彼得堡这样生活得如此舒适。人们倾其所能地欢迎我，称赞我，还给了我三百卢布，并且再用头等包厢欢送我返回莫斯科。"

十八

清癯英俊的面庞,瘦削的脸颊,浓密的头发,淡淡的胡须刚刚显现,嘴角的褶皱透出严肃与忧伤,他的目光是那么与众不同,仿佛具有敏锐的穿透力,同时却又温柔而深沉,他的神态谦逊,那是一种年轻女子般的神态(几年之后,托尔斯泰这样说起契诃夫:"他走路时就像一位小姐。"),这就是一八八六年前后的安东·契诃夫,这一年他正成名。他二十六岁。在他那个时代,这个年纪正是一个男人的成熟期。在十九世纪的俄罗斯,男人三十岁便已人到中年,而四十岁几乎就是个老人了。契诃夫并不觉得自己风华正茂,年富力强,他已经开始回首过去了。而往事使他产生的是不愉快,甚至是羞耻的感觉:

"一个年轻人,他是农奴的后代,小小年纪就在杂货铺站柜台,从小被教导着服从长官,亲吻神甫的手,崇拜别人的思想,为得到的每一小块面包道谢,而且常常挨打……他虐待小动物,喜欢去有钱的亲戚家吃饭……"这就是几年之后他给自己的自画像,一幅苛刻的、并不公正的自画像,但其中确实存在的,是他对完善自我的渴望,对他的精神、他的作品、他的灵魂所做的漫长而持久的塑造工作,这份自我追求从未懈怠,直至他离开人世。尽管他的读者和评论强烈要求,但契诃夫的作品从不教导别人什么。他从不会像托尔斯泰那样一腔热忱地告诫你:"应该这样做,而不是那样做。"有时,在周围人的催促下,他试着这样表达自己的想法,但话语听起来却那么空洞。相反地,他的文字、他的生活,却在我们面前竖立了一个值得仰慕的形象:一个生来公正、高尚、善良的人,而且从不停歇地尽力使自己变得更好,更温和,更可爱,更耐心,更乐于助人,更无微不至。渐渐地,这却导向一个古怪的结果:他越是向他人表现同情,他的内心深处越感受不到它。所有和契诃夫有过密切交往的人都会说到他身上某种像水晶一样经久不变的冷漠。"他给人的第一印象是几乎中了一种厌倦、冷漠和敌意的毒。"库普林这样写他,"他能够善良、慷慨,但是没有爱;温柔、殷勤,但是不眷恋。契诃夫一旦认识什么人,就会邀请他到他家做客,请他吃晚饭,招待他,然后,他又会在信中怀着冷漠和厌倦来描述这件事。"

是否因为他太过聪明,太过清醒,所以缺乏爱的能力?在他的心中,他的生活中,是否有这样一种矛盾情结,迫使他向冷漠的人们交付出过多的自己,而后,又匆促地收了回去?他是否只是痛苦地克制着,隐藏起自己的想法?布宁,一位无比透彻精辟的批评家曾就契诃夫作出了堪称盖棺定论的如下评语:"即使在最亲近他的人当中,也没有一个人曾真正了解他灵魂深处的全部想法。"

而契诃夫自己,也曾在一本私人记事本中这样写:"既然我将独自躺在坟墓中,那么,本质上说,我是孤独的。"孤独……然而,他有着一个大家庭,有很多的朋友和读者。自一八八六这一年起,他的身边环绕了越来越多名声响亮的仰慕者。柴可夫斯基、格利果罗维奇、柯罗连科,还有其他的一些人……最显赫的名字,最聪明的人物,都来拜访契诃夫家在莫斯科的居所。这是一座二层小楼,"看上去像个五斗橱",门户大开,进出自如,很俄罗斯式的处所。"安东喜欢人群。"他的父母如是说。"安东只有在热闹、谈话和欢笑声中才开心。"他的兄弟们也这样表示。

也许这是真的？"我需要被很多人围绕着，"他承认，"因为不知何故，我害怕孤独。"

他的家人一直都生活在他身边，保持着人气和喧闹，这对契诃夫的好心情而言十分必要。他的家庭成员一律相当可爱：粗俗、愚昧、粗暴的父亲，习惯在任何场合下大哭的母亲，大哥亚历山大总是不停要钱、缠着家人诉苦，尼古拉过着名节败坏的生活，玛丽则明目张胆、吹毛求疵、错综复杂且歇斯底里地爱着安东，但总的说来，他们还都是些可爱的人。他们彼此互不妨碍。谁想唱歌，谁就唱吧。谁想一诉衷肠，那就说吧。无论他是一个著名艺术家，还是多年前那个默默无闻的大学生，他们对他工作的态度都无差别。

而契诃夫继续争取"蒙请先付二十五卢布"，同时继续写作。

如果忽略掉他年轻时在匆忙间笨拙编造的那些长篇的东西，那么，一八八七至一八八八年间问世的《草原》，是他人生中第一次放弃短篇小说的形式，向长篇小说靠拢。

他惶惶不安地创作它，总是感觉被他人的目光盯着：

"一想到我在为一家大杂志写稿（《草原》是写给《北方邮报》的；这份文学杂志在俄国的读者和作家群中具有很高的威望），一想到人们将一改往日读我那些废话的态度，严肃地来审视我的作品，我就觉得自己像是个被魔鬼推着走的修道士。我在写一篇关于草原的小说。我在写，但我觉得它还没有散发出干草的味道。"（给舍格洛夫的信，一八八七年一月一日，莫斯科）

"写得长"对他来说也是困难的。多年来他受控于短篇小说的要求：不惜一切代价地做到简洁明快。无意地，他把《草原》

写成了一系列短篇小说的合成。每一页就是一则完整的短篇。整部小说仿佛是由一个个片段构成的。但他颇为明智地选择了一个非常简单的主题，没有什么情节，里面的核心人物是个孩子：孩子的视角是零碎的、急促的，他捕捉转瞬即逝的感觉，一个接着一个，而不把它们归属于一种定向的思维。《草原》就是如此维护了自己的统一性和真实感。

小说中的主人公是个小男孩，名叫叶果鲁希卡，他从没有离开过他的家乡，俄国南部的一个小村庄。他九岁了，到了上学的年龄。于是他前往一座有大港口的城市（塔甘罗格）。为了到达那里，他日夜兼程、长途跋涉地穿越大草原。就如童年时代的安东·契诃夫从塔甘罗格前往祖父家一样。也如迟些时候，正值少年的他，跟同学、农民、商人、朝圣者，以徒步、骑马、乘牛车的方式穿越草原一样。叶果鲁希卡遇到狂风暴雨；他恐惧；他疲惫；他挨冻；他生平第一次在草丛中睡觉；他快乐，他对一切都感到好奇；他听旅途同伴们的交谈；他似懂非懂；他做梦。这是一个聪慧、多思、有一点忧郁的孩子。契诃夫只描绘这样的孩子。所有他刻画的孩子都是沉默寡言且多愁善感的。叶果鲁希卡病了，在夜里，在小客栈里，就像安东曾经历过的那样。"乌克兰农民、牛、秃鹫、白色棚屋、南部的小河流"，所有安东认识并且喜爱的东西，都出现在了这部小说里。

对于一个童年不幸的作家来说，能从过去的日子中喷涌出诗意的泉水，不失为一份恩赐。写作《草原》的这一年，契诃夫重访塔甘罗格。他已经七年没有回去过了。"如此令人厌恶，以至于莫斯科的泥泞和伤寒都显得讨人喜欢了。"（给妹妹的信，一八八七年）。但是草原！……"连绵的山丘，褐色的、黑棕色的、黛青色的，再远些是淡紫的……草原的气息。我看到了我的老朋友，那些秃鹫。"高尔基后来说，这部小说的每一页都仿佛点缀着精美的珍珠。它获得了成功。然而在契诃夫的生活中，造化总爱弄人，把胆汁掺进蜂蜜。正当《草原》问世之际，契诃夫的第一部正剧《伊凡诺夫》，在莫斯科遭到了反响最强烈、也最不应有的失败。

十九

莫斯科科尔什剧院的老板约契诃夫写剧本，并希望是部喜剧。（在大众当中，契诃夫的名字首先意味着一位幽默小说作家，人们还没有习惯他用温柔严肃的笔调写作，这种笔调，是在一八八八至一八八九年之后成型的。）然而，契诃夫却写了《伊凡诺夫》，也就是说，全然不同的一样东西。他说："当代剧作家只会在他们的剧本里填塞天使、恶棍和小丑们。我要与众不同。我不要单单塑造一个坏蛋，抑或一个天使……我不会指责任何人，也不袒护任何人……"

在俄罗斯，剧院也未能逃脱狂热的道德教化。人们乐于为那些善良、忠诚、坚毅、正直的人物鼓掌。俄罗斯的资产阶级在聆听关于自由、人类尊严和人民幸福的高尚演说中找到极大的满足感。而他们本人却可以不必受良心的检验，可以继续随心所欲地生活，生活在懒惰、冷漠、自私自利和斤斤计较当中。他们也想象自己抨击当权者，开罪政府，从中得到许多无伤大雅的快感。戏剧的观众从来不喜欢真实，而真实，正是年轻的契诃夫试图向他们展现的。

伊凡诺夫的婚姻很不幸：他娶了一个既不属于他的种族、也不属于他的阶层的女人。他想要当一个英雄，以一敌百地搏斗。他努力地使自己更宽宏，更善良，更无私，他不允许人性的弱点将自己的灵魂变得平庸。五年过去了。他不再爱他的妻子。她患了肺病。她快要死了。得知此事，他感到"既没有爱，也没有怜悯，而是一种空虚，一种疲惫。"他抛弃她，背叛她，侮辱她。他对不幸的萨拉的死负有责任。人们讨厌他，蔑视他，可是他并不是一个坏人，他很真诚。他造成了他人和自己的痛苦，可是……"如果说他是有罪的，他也不知道为什么有罪"，"那些像伊凡诺夫这样的人无法将问题解决，却被重负所压倒了……"

自从亚历山大·契诃夫写给弟弟安东的信发表后，我们不由会觉得，伊凡诺夫这个人物有一点像亚历山大，他们的通信向我们勾勒出了他历经坎坷的一生。亚历山大曾是一个出众、聪明的少年。毋庸置疑，在他风华正茂之际，他在契诃夫的眼中曾享有多大的威望。他有灵魂，有智慧。后来的他怎么了呢？他的人生从一场荒谬的私情开始。他做梦也想不出有什么能比他的生活更混乱更可悲了。亚历山大身无分文；他得担负家庭；他必须养活自己的孩子和妻子带来的前夫之子。他结过两次婚。在这两次婚姻中，既没有爱情，也没有理性的存在，只是一种奇怪的感情，混杂着慷慨、幻觉和性格的懦弱。在这两次婚姻中，他都是一个遭人厌恶、酗酒、负债累累的丈夫。他"拯救"了那些不幸的轻佻女人，但他却无法忍受她们。但是，亚历山大是值得同情的。安东对他的审视是严厉的，却也为他惋惜。在《伊凡诺夫》一段著名的独白中（"不要娶犹太女人、疯女人和才女……不要把自己卷入战争，单枪匹马抵挡千万大军，不要和风车搏斗，不要拿脑袋去撞墙。"），我们可以看出它投射了安东对哥哥建议，他的建议沉稳、谨慎、克制，而且悦耳。

但《伊凡诺夫》的意义，在于主人公身上具有这个民族和这个时代的特征。他的缺点和他的痛苦是属于俄罗斯人的。"俄罗斯人的斗志有一种独特的性质：它很快就被厌倦代替了。男人总是踌躇满志，一离开学校的板凳，就想担当起超过自己能力的重

负来……但当他们一到三十岁、三十五岁,就开始觉得疲倦和无聊……"(致苏沃林的信,一八八八年十二月三十日)

的确,他想到了亚历山大,也想到了尼古拉,他那有着真正的天才却被荒诞的生活所毁掉的哥哥。(尼古拉和一个妓女生活在一起,成日喝酒,而且也死于结核病。)在舞台上,伊凡诺夫自杀了。在生活中,尼古拉三十一岁就死了。亚历山大活了下来,他成了苏沃林的一个小雇员,安定了,但从不知何谓幸福。他道德的败落、对利益骇人的计较、各种各样的失败、他的乖戾、他的不满,也许比早亡更具悲剧性。而许多看了《伊凡诺夫》的人,都从中看到了自己(别忘了,契诃夫赋予主人公一个在俄罗斯非常常见的姓氏,就如同法国的杜朗,他正是打算借此凸显这种普遍的性格特质)。

自然地,此剧遭到了观众的激烈抵抗。这或多——或少——是一次失败;这是一场公愤。契诃夫的家人们坐在剧场包厢里,心惊胆战地等待着。作者自己,则深深藏在后台一个小化妆间里,像犯人关在牢房中。演员表演得很糟糕:他们只排练过四次。安东的妹妹看到半途就昏厥过去了。"我很平静。"契诃夫说。这种漠然,就像是一个遇到一场铁路事故的人,没有受伤,继续看着周围发生的一切,继续机械地向前走。布幕后面,演员们感动了,画着十字,用浓艳的嘴唇低声发出无用的鼓励和最后的——徒劳的建议。

前三幕就这么演下来了。但接着!就连负责提示台词的人,在他二十二年剧场经验里,也从没见过这样的场面。"人们尖叫,高喊,击掌,吹口哨。幕间餐时都快大打出手起来。在后排过道上,大学生们几乎要把人从楼上推下来,其中有两个还被警察

拖了出去。"（致亚历山大的信，莫斯科，一八八七年十一月二十四日）

这最后的情形令作者感到一丝安慰，但他若是对自己剧本的成功保存了几分幻想，第二天出现在报纸上的评论还是给了他当头棒喝："我们从没指望契诃夫先生能拿出什么大作来，但我们从不敢想象，一个受过大学教育的年轻人，竟然敢向观众展示这样厚颜无耻、令人发指的东西。""这部剧多么伤风败俗！昏昏欲睡、无动于衷的观众怎么可能平静地听完这些废话！"

所有的评论都对契诃夫很严酷。在他写作生涯一开始，人们就预言他有一天会醉醺醺地死在某个门廊下，这很伤他的心。他们对《伊凡诺夫》的评价的确令他不舒服，但比起前面这些攻击，触动还不算太大，因为不管怎么说，他的工作是写小说，戏剧和他没有什么关系。

接下来的几篇小说都大受欢迎，《灯火》《命名日》《恐惧》，等等。一八八八年，他被授予一项文学奖（普希金奖的半数奖金），并开始在他那个时代的文学界占据举足轻重的位置。他的短篇小说，比之他年轻时候的作品，多了几分严肃的味道。所有的朋友都向他道贺。他终于明白：作家的角色是多么重要，什么是他的职责，在俄罗斯这样一个有着苦难命运的国度，一切创造所产生的意义该是多么巨大。他是被托尔斯泰影响了？太好了。他几乎不再允许自己在作品里逗乐了？那多好！从文学成功的角度来看，哭比笑更有价值。但是，在契诃夫的内心有着一种不同寻常的自由，某种细微精妙、含糊不清、自相矛盾且又生机勃勃的东西，没有任何人能够抑制。他自己也意识到了："我总是感到，我欺骗了人们，"他说，"以我太过愉快或太过严肃的面容。"

这个热心助人的契诃夫，可以为朋友赴汤蹈火，内心里，却能够对他们置若罔闻；这个性格爽朗直率的契诃夫，却曾秘密地保存并销毁了自己以温柔的爱意创作出来的一部长篇小说，没有任何人读过一行字；这个腼腆谦逊、被全俄罗斯请求变得严肃的契诃夫，也听从了他们的建议，一言不发，写了一出滑稽剧《熊》。（"要是他们知道我写了一出滑稽剧，真见鬼！"）

当正剧《伊凡诺夫》惨遭挫败，这部滑稽剧却在同一个科尔什剧场的舞台上取得成功。在物质上，这个成功如此巨大，以致让契诃夫生平第一次享受到几个月甚至是一年时间的休息，而不需要担忧金钱。

二十

过了些时日,《伊凡诺夫》被请到彼得堡上演。观众们来了个无法解释的大逆转,这出在去年惨败的戏剧,如今却受到了狂热的欢迎。

"我的《伊凡诺夫》继续取得巨大的、非凡的成功。在彼得堡,此时有两个时代英雄:一个是谢米格拉茨基的《芙丽涅》,全裸的;另一个就是我,穿着衣服的。"(一八八九年二月十一日)

戏剧上的成功多少令人陶醉。契诃夫开始喜欢上舞台后台的气氛。复活节之夜,他整个晚上都是与醉醺醺的演员们度过的。他自己也喝酒。他在几天后(一八八九年三月五日)记录道,他去过茨冈人[①]的住处,这大概算是他人生中第一次比较令人吃惊的事了。"她们的歌唱得极好,这些野性未驯的生灵……她们的歌声就仿佛是在强烈的暴风雨中,一列火车从高处坠入山谷所发出的爆裂声……"

夏初,和往常一样,整家人出发去乡下。契诃夫很少与家人分离。他习惯他们就像习惯了头盖骨上的隆凸,或是像习惯了一件行李,他这样说。但这件行李的代价不小。他必须写作,为了养活这些人而写作。然而,苏沃林对亚历山大说:

---

① 在俄罗斯,吉卜赛人被称为茨冈人。

"为什么你弟弟这样拼命地写作？这样太伤身体了。"

而年迈的格利果罗维奇，那位有着长长白发和银色胡须，有着天真愉快、纯洁高贵的神情的老顽童（上年纪的知识分子都特别陶醉于被说成天真），将双手举向天空："别再让他这样写了！是为了赚钱吗？过去，我们写作可不是为了钱！"

可爱的格利果罗维奇！契诃夫很爱他，但不像以前那么崇拜他。他笑笑，任他说去。"爸爸妈妈需要吃饭。"他认命地拖着整个家庭。连续三个夏天，契诃夫一家都住在巴布基诺。如今，他在乌克兰租了一处小房子———百卢布·季度。这是建在弃园深处的一座小楼，一条宽阔深沉的河流从旁边经过。每逢节日，乌克兰的农民拉着小提琴，乘船顺流而下。地主们住在大宅子里。有一位母亲，是位和善且有教养的老妇人，阅读绍宾诺，并且崇拜契诃夫。她的大女儿失明了，脑里长了个瘤，知道死亡是注定的，并且近在咫尺。

"我是医生，"契诃夫说，"习惯了垂死的人。当那些濒临死亡的人就在我面前说话，笑或者哭的时候，我总会有一种距离感。但是，在这里，当我看见一个盲女在天台上聆听着我写的书，或是嬉笑打闹的时候，我开始产生一种奇怪的感觉，不是在于这个女子将要死去，而是在于，我们没有感觉到自己的死亡，我们还在写，仿佛我们不必面对死亡似的。"

二女儿腼腆、温柔、安静。这两个女儿都是学医的。第三个女儿还很年轻，身体强健，皮肤晒成褐色，很喜欢笑。她在自己的土地上办了一间学校，在乌克兰的小农当中被当作克雷洛夫寓言。还有两个男孩，其中一个是天才的钢琴少年。

在十九世纪的俄国，乡间贵族通常都是些在精神、道德上非常纯洁而高贵的人：他们有教养有文化，公平无私，他们只有在庄严刻苦、清明澄净的气氛中才会感到舒适，就如同山里人要在高山上才觉得呼吸顺畅。音乐、阅读、充实深刻的交谈、爱情的理想，这便是他们的生活。他们热爱大自然，热爱艺术；他们热情好客、和善可亲、天真淳朴、一片诚挚。在他们的周围，苦难、罪恶和腐败肆虐，他们为之悲叹，为之难过，但他们没有力量对外部的世界做出哪怕一丁点的改变。他们在温和的惰怠，优雅的屈从，以及着手做一点微不足道的事情——办学校或者医院，教育儿童——当中哀叹和等待着一个更好的时代。别的一些什么总会到来……满怀美好的愿望，带着高贵的头衔，在日益衰微的土地上生活着，这些人身上的纯正、感伤和懦弱，都深深吸引着契诃夫。最首要的是，他喜爱他们生活的环境：亲近自然的大园子，椴树小径，池塘，主人家简洁优雅的美丽房子，几乎没有装饰的白色房间，小提琴和钢琴的声音在夜晚从敞开的窗户逸出，黄昏时分坐在门前台阶上长聊。对于住在城市的契诃夫来说，这一切都是那么新鲜；对于曾是平民的他而言，这一切是那么动人心弦。像屠格涅夫一样，他很懂得描述乡村贵族的生活，在他作品的许多篇幅中，都回荡着近乎先知的语调。他向我们描绘的是一个没落的群体，他们是一批被判了刑的人。但首先令他着迷的，还是大自然。

一八八八年五月十日，苏梅，哈尔科夫首府，林特瓦列夫领地：

"在小河边的草丛中，某个地方，有一种神秘的鸟儿在叫，它很难被发现，当地人把它叫做'公牛'。它的叫声就像被关禁闭的母牛，或是能把死人都唤醒的小喇叭……蚊子是红棕色的，很毒。沼泽和池塘冒着热气……"

然而：

"在夜晚的寂静中我们听到的是怎样的天籁，干草堆清新的气息又是怎样沁人心脾……斯马金家（他们是林特瓦列夫家的远房亲戚）的产业陈旧破落、死气沉沉，宛若一张陈年蜘蛛网。房屋下沉，房门不关，从门板的缝隙中冒出樱桃树和李子树的嫩芽。在我睡的房间里，在窗户和百叶窗帘之间，夜莺在那里筑巢……"

在那个时期，契诃夫的生活中有不少女性朋友。这些可爱而认真的女人爱慕他，向他流露近乎母性的温柔，同时，又极爱卖弄风情，总是闹闹情绪，而作为作家的契诃夫极度保护个人的心灵自由，契诃夫怎么说来着，个人？他是那么私人、内敛、腼腆，令那些与他相处的女人们觉得自己仿佛置身于动荡不定、遍布陷阱的土地上。所有的英雄都抵抗爱情，或者不愿交付全部身心去爱，契诃夫就有点像这一类人。

在乌克兰度过的第一个夏天，整个儿是那么的可爱。这一年他写给朋友们的信件里，洋溢着优美、俏皮、轻快和童趣。初秋伊始，他到苏沃林在克里米亚的家小住数日，环游黑海和里海。他快乐、幸运；他天真烂漫地享受着成功。

一八八九年年初，生活就因为尼古拉的病而暗淡了下来。长久以来，尼古拉的健康一直都令家人忧心忡忡。契诃夫无法不面对这样的现实；他的兄弟将死于肺结核。他此时在为自己荒谬的人生付出代价：少年时代的天寒地冻、衣不遮体；穿着破洞的靴子在雪地里奔跑；沉迷酒精；声名狼藉的私生活。"画家的景况恶劣。白天很热。他喝大量的牛奶，但是体温还是那个样子；他日渐消瘦。咳嗽不给他半点喘息的机会。他躺在卧房里，只出去半个小时，动不动就睡着，但在昏睡中也剧烈地咳嗽。"（一八八九年六月四日）大限临近。作为医生的契诃夫，在自己身上发现了令人惊慌的、与尼古拉的病症相似的征兆。他第二次咳血，非常剧烈，这是在一八八六年。"每个冬天、秋天和春天，每个潮湿的夏日，我都会咳嗽。但是只有见到血的时候，我感到害怕了。"（给苏沃林的信，一八八八年十月十四日）然而，他还是没有顾及到调养身体，改变生活。他怀着深刻的同情，看着尼古拉病入膏肓。他深爱这个哥哥，并了解他身上巨大的才华。这逝去的才华，尤其令他叹惋。

六月，亚历山大来了，契诃夫想趁此机会休息几日。他渴望跟朋友回斯马金的庄园，回到那个去年曾给他带来无限快乐的庄园去。他想再度躺在那间有燕子衔泥砌巢的房间，看野生的樱桃树枝从地板抽出。但此刻，一切都不同了……半途中，天开始下雨。契诃夫和同伴到达斯马金庄园的时候，"是在半夜，全身潮湿，冻僵了，我们躺在冰冷的床上，在冷雨敲窗的声音中入睡。尽我的一生，我都不会忘记这条泥泞的道路、灰色的天空，以及树木上的树脂。清晨，一个农民给我们带来了一封湿透的电报：柯里亚去世了。"

他们立刻又出发了。在城里，他们必须停下来，等待从晚上七点到凌晨两点的火车。无所事事的契诃夫只好在阴暗寒冷、荒无人烟的马路上游荡。他走进市政公园，倚在一面墙下。这是剧院的外墙，可以听到演员们在表演，他们在排练音乐戏剧。几个星期前，他曾梦见自己获得一枚奖章（斯坦尼斯拉夫三级勋章）：

"这是你期待的十字勋章,安托沙。"母亲说。

就像所有俄罗斯民族的母亲,她能够读懂纸牌,解释预兆,猜测梦境:

"它是一个十字架,一份苦难……"

第二天,他回到了家。下葬的经过使他稍稍平息下来。一切都是那么平静。可怜的尼古拉,他的兄弟和朋友们将他的棺材一直护送到村里的墓地。"远远地,可以看见原野中的十字架。仿佛在说,他(尼古拉)将在那里安眠。"

二十一

尼古拉死后，契诃夫心中只有一个念头：逃离家庭，逃离丧事的记忆。但是，它们一直纠缠着他。而且，在文学上，他也一直无法逃脱阴郁低沉的忧虑。几年来，他竭力忍受着托尔斯泰的影响。这里指的不是作为作家的托尔斯泰，而是作为理论家、悲观主义者的托尔斯泰，他从一切事物的本质上看到死亡，怀着绝望的真挚，努力想弄明白自己活着的意义，教育人要忘记自身，把全部生命奉献给苦难的人类。在一系列的作品中，《勇敢的人》和《在路上》(1886)，《乞丐》(1887)，《相遇》(1887)，尤其是《没有意思的故事》(1889)，这种影响占据了优势的、独特的地位，对契诃夫的艺术产生了最糟糕的作用。这是他在人生中第一次也是最后一次，以不是自己的眼光看待这个世界。《没有意思的故事》很像《伊凡·伊里奇之死》，不过在《伊凡·伊里奇之死》中，托尔斯泰充分地达到了写作目的，而契诃夫却是部分失败的。伊凡·伊里奇是个普通人，有一天，他发现自己与死亡面对面。在死亡的映照下，他凝神回思流逝的岁月，发现它们的徒劳无益和悲剧性的空虚。没有爱，没有高尚的思想，连罪恶的激情和灼热的欲望也缺乏，他活过，但没有生活过。读伊凡·伊里奇的故事，不可能不为人类的生存状况而感到恐怖的战栗。契诃夫还想比托尔斯泰走得更远。他的主人公是一位赫赫有名、受人崇敬的教授。衰老与疾病一起来临；死亡逼近。所有他曾经钟爱的东西，都令他感到厌倦、虚伪、反感。他的妻子、他的女儿，曾经是他那么温柔地爱着的人，如今却只能唤起他的冷漠和厌恶。他收养过一个孤儿,卡提亚,这是他最喜欢的一个孩子。他对他的爱中并非全是慈父之爱,更不是稍纵即逝的爱。他想让这个孩子幸福,帮助他生活,教给他真理,但他却无能为力。他活得没有目的,没有信仰,没有真切的生活欲望,他是人类中最无用的一种人。可惜,他没能打动我们。托尔斯泰怀着无比的热情爱着生活、肉欲与爱情,他既诅咒,也感恩。人们同情伊凡·伊里奇,因为他浪费了生命——这场最美妙最独特的奇遇,而老教授则似乎始终存在于抽象中。那不是一个人,而是一具没有灵魂的机械。他要死了吗?和我们有什么相干!人们会说:那是他自作自受。而伊凡·伊里奇则震撼了我们,感动了我们,他与我们相似。老教授对我们而言只是陌生人。

是的,这几年间,契诃夫模仿伟大的托尔斯泰,并没有获得任何成功。这两位作家天性的天壤之别是难以想象的。托尔斯泰充满激情与执拗的崇高;契诃夫则对一切都抱有怀疑和冷漠。一个像火焰一样燃烧;另一个则用清冷温柔的光点亮外部的世界。

大庄园主托尔斯泰将芸芸众生理想化了;而平民契诃夫,则忍受着这些卑微的人儿太多的粗俗与卑怯,以致对他们只剩得一份清醒的同情。托尔斯泰蔑视优雅、奢华、科学和艺术。但契诃夫则爱着这一切。托尔斯泰憎恨女人和情欲,因为他天生的激情和充沛的精力令他难以克制自己。而纤弱的契诃夫则不能理解罪孽的重要性,因为这种罪孽感,根本就从未产生在他的本性深处。但是也许,他们之间不可填补的鸿沟,是源于这样一个事实:托尔斯泰是一个教徒,而契诃夫不是。一个有着痛苦的信仰;另一个则有着冷静的怀疑。托尔斯泰公开表明绝望,而契诃夫则自诩乐观主义者，但事实上，几年之后，当契诃夫说到这位师长："我不相信他曾有过不幸。"他是有道理的。

托尔斯泰所经历的幸福，大概是契诃夫从不会体验到的，但托尔斯泰永远都得不到满足。他总是不停地追寻着某种人世间所无法找到的东西，他又总是害怕全然弃绝欢乐与忧伤。他强壮有力的身体、坚定有力的性格，把痛苦扩大十倍，也将欢乐扩大了十倍。然而，托尔斯泰作为个人所爱着的，却在作为作家时劝别人放弃，他教导说，人应该不需要通过土地、空间、自由或是人类的爱去寻找自己的灵魂，而应该超越一切，无欲无求。而患着肺病、日益衰老的契诃夫，在这个世界上本就两手空空的契诃夫，一开始还是羞怯地，而后则是激烈地提出了抗议：

"只有死人才什么都不需要。活着的时候，就要全部，要整个人间……上帝创造了人类就是为了让他生活，为了让他知道欢乐、焦虑和不幸……而你若无所欲求，你就不曾活过，你就是一块石头……"(《在流放地》)。

可是，在一八八九年，疲惫、灰心、不安、失望的契诃夫，还没有从托尔斯泰主义中解脱出来。这段时期的作品是他写作生涯中最苍白、最没有说服力的。

二十二

哥哥尼古拉去世后的夏天,契诃夫出发前往萨哈林岛。他周围的人都无法理解为什么他要进行这样一场艰巨、另类的旅行。在那个年代,西伯利亚大铁路还不存在。他不得不买一辆汽车,租几匹马,穿越这片气候严酷、人烟稀少的蛮荒之地,忍受着天寒地冻,忍受着最基本的生存条件的匮乏,忍受着身体的疲惫,所有这些,是为了抵达什么呢?萨哈林岛,一座被罚入地狱的岛屿,一个苦役犯的监狱,一片世上最恶劣最匮乏的土地。

当被问及这次旅行的理由时,契诃夫这样回答道:

"我想要生活,在这半年中,我感到自己此前从未生活过。"

他打算在萨哈林停留两个月,而后经由长崎、上海、马尼拉、新加坡、科伦坡、塞得港和君士坦丁堡返回欧洲。可以想象,对于一个出生于塔甘罗格,十年来不得不局限于同家人在乌克兰或莫斯科郊区度假的人,这些地名对他的心灵和想象力产生了多么大诱惑!但对这个家庭,契诃夫并不是恼火地想要逃离。主要是,他觉得这场旅行对于他返回后要写的书将非常有用。大家都批评俄国的监狱体系,但是谁曾卜过功夫去研究过它的缺陷,并给出改善的建议呢?没有人。然而,西伯利亚是一个真实的存在,是俄国最阴沉、最灰暗的现实。"正如土耳其人回到麦加,我们也应该去拜谒西伯利亚。"契诃夫如是说。成千上万的俄罗斯人在那里受苦,在那里死去。作家觉得,人们不能闭上双眼,不能绕过"这片泪的海洋,这片痛苦不堪重负之地"。返回后,他非常审慎、非常冷静地讲述了他的所见所闻,也许,多亏有他，这种非人道的制度才能够得到一些改善。而且，他总是热爱改变，热爱崭新而浓烈的印象。毫无疑问，他已经预感到了自己的时日无多。那么至少，应该让生活被感受与景象所丰盈。他在一八九〇年的夏初出发。

这条路似乎没有尽头。他之前没有想到它会是那样令人厌倦。从秋明到伊尔库茨克，他在一片酷寒的天地中行进了三千俄里。正当五月，但天空还在飘雪。不幸的是，河面上的冰层正在消融。一年中的这个时节，河水漫溢，淹没原野。

"货真价实的埃及式水灾"，契诃夫这样写道。水漫道路。时不时地，他就得放弃汽车，改乘时时刻刻都有可能被淹没的小船。"一连几日，成天地坐在岸边，冒着雨水和冷风，等待，等待……"然而，河面上"漂浮着一块块的冰……水流动荡不安……发出奇怪的声响，仿佛有谁在河水深处钉棺材。"

河流给契诃夫带来噩梦。

从托木斯克到克拉斯诺亚尔斯克，天不再下雪，然而北方恶劣的泥泞，使得道路淤陷，车轴断裂，马匹滑倒。食物难吃而且紧缺。"俄罗斯人像猪一样懒（给玛丽·契诃夫的信，一八九〇年六月十三日，贝加尔湖畔），如果有人问他为什么不吃肉不吃鱼，他会解释说是因为缺乏运输条件，等等理由……然而，伏特加却能出现在哪怕是最偏僻的乡村，而且数量绝对让人满意……照理说，吃肉吃鱼是远比喝伏特加来得容易的事，因为伏特加昂贵得多，而且运输起来更困难。可是不！看来他们更感兴趣的，是畅饮这生命之水，而非花费功夫在贝加尔湖上钓鱼。"契诃夫他们既没有床睡，也没法洗澡，没法换衣服。

过了克拉斯诺亚尔斯克之后，冬天结束了。而契诃夫也将要开始忍受炎热、干渴、尘土和蚊虫。不过，泰加森林，"没有尽头的森林"，是一个美妙的地方。没有人知道它的边境在哪里。树木覆盖了数俄里。有时，拉普兰人会驾着驯鹿套车，穿过整片森林，到村子上去买面包。他们发现了森林中的小径，但并不知它们通向何方。也许通往一家地下烧酒铺，抑或通往一处逃犯的临时营地？被当地人称为"海"的贝加尔湖无比宽广，有着绿松石般的色泽，它是如此清澈透明，能让人看到骇人的深渊尽处，那些岩石，那些山岳。至于其他，"西伯利亚的景观与整个俄罗斯的大自然（在外表上）并无多大区别……整个儿都是那么单调无聊。"

不过，契诃夫对于能够有惊无险地抵达这么遥远的地方，感到一种天真的骄傲。他身体状况很好，而且在全部行李中，只遗失过一把小折刀。据说丢小折刀的那个地区，每天都有逃犯袭击旅人。不过，这只是一个传说："这事的确曾经发生过，不过那是很久以前了……现在，一把左轮手枪都是件完全无用的东西。""我仿佛刚刚通过考核。"契诃夫总结道。

他终于来到了阴沉的萨哈林。当地的官员热情地接待了他。他们允许他参观监狱，和苦役犯谈话，"当然，前提是，不要和那些政治犯有牵连"。这是不言而喻的。

契诃夫考察全岛，深入苦役犯的监狱，看到了他们潮湿简陋的房屋，屋子的墙面上蠕动着虱子臭虫，一块木板上躺着被锁链拴在一起的囚犯们。他钻进枞木屋，那里一贫如洗，脏乱不堪，同居着苦役犯和他们的妻子、孩子，那些女人从俄罗斯来到这里，只得靠卖淫为生。俄罗斯人、鞑靼人、犹太人、波兰人，各种种族，各种宗教，都聚集在那里。有很多犯罪的人，也有很多无辜的人。一些疯子，一些酒鬼，某天因为喝醉了酒或是气得失去理智，就做出烧杀抢掠的事情，而他们如今已根本想不起自己在偿还的是什么罪过了。

终于，契诃夫认识了那些看守。有的是愚昧鲁莽的人，有的是些虐待狂。通常，最坏的情况，是那种优秀的、怀着一腔热忱的人，却对他们的同胞爱莫能助。契诃夫目睹了死刑和种种酷刑，他们对犯人的每一个微小的错误，都要施行鞭笞。在西伯利亚，在萨哈林岛，如此决绝地洒下疯狂、暴戾、仇恨和死亡的种子，不出三十年，必将酿成可怕的恶果。

在他回来后所写的旅行手记中，我们可以感觉到，契诃夫在努力使自己保持平静，以医生般的清醒冷静，去讲述所有的暴行惨状。他用节制、谨慎的语言表述出来。这是他说到岛上孩子的片段：

"孩子们用冷漠的目光看着那些戴镣铐的囚犯……他们玩士兵和囚犯的游戏……萨哈林岛的孩子们谈论的是流浪者、荆条……他们知道什么是刽子手……"

一天，契诃夫钻进一间枞木屋，屋里只有一个十岁的小男孩。对话开始了：

"你爸爸叫什么名字？"

"不知道。"他回答。

"怎么会？你和你爸爸住在一起，却不知道他叫什么？这怎么可以？"

"那不是我的亲爸爸。"

"什么意思？那不是你的亲爸爸？"

"是我妈的情人。"

"你妈妈结了婚,还是守寡?"

"守寡。她来这儿就是因为她丈夫。"

"这是怎么回事:来这儿是因为她丈夫?"

"她杀了他。"

"你还记得你父亲吗?"

"我不记得了。我是个杂种。"

他们鞭打老人、女人甚至孕妇。处罚是骇人的,但渐渐地,他们也就习惯了,有些犯人在惩罚之下练就了铁石心肠,当看到同伴疯了或是死了,也感觉不到多少痛苦。契诃夫目睹了这些场景后,一连三夜都无法入眠。他希望以最平静、不带偏激的方式描绘这些酷刑,首先撞击读者的心灵,激起他们的愤慨,站起来强烈反对刽子手。然而,大众阅读之后,只稍许战栗,就顷刻忘记自己读过些什么了。

契诃夫可以讲述旅行,讲述疲倦,讲述无眠的夜,但所有这些,对人类的苦难,仍无能为力。让一个作家像托尔斯泰所要求的那样去"服务"是很困难的。契诃夫最终明确了这一点。从此,他要将自己限定于目击者的角色。他一直这样认为:"在写盗马贼时,没有必要也写上:偷马是不对的。"此刻,他确信无疑。

在西伯利亚旅行期间,他感觉自己的身体状况很不错。但在回程的路上,他受了风寒,回到莫斯科时还在生病:"此刻我在咳嗽,不停的擤鼻涕,晚上,我感觉自己在发烧。得养一养了。"(给舍格洛夫的信,一八九〇年十二月十日,莫斯科)他对自己感到满意:他完成了自己最华丽的心愿,踏出俄罗斯的疆土,远离欧洲旅行。"我感谢上帝,"他说,"他给予我力量和才能实现这场旅行……我有了很多见闻,很多感受,对于我,一切都是那么新奇和有趣……""我很快乐,很充实,"他还写道,"中了魔法似的高兴,以至于不再渴望其他。如果我患了瘫痪症,或是被痢疾草草地送去另一个世界,我也无怨无悔。我能够说:我生活过!……我到过地狱(萨哈林岛)也去过天堂,锡兰岛。"

这场旅行也为我们带来了美妙的手记。其中最美的,也许要数《在流放地》(苦役犯、夜晚、水岸)和《古谢夫》,一部杰作(写海上一名士兵的死)。在故事的开始,我们就发现,其中隐约呈现出契诃夫在给苏沃林的信中(莫斯科,一八九〇年十二月九日)所留下的记忆:"在前往新加坡途中,两具尸体被投进大海。眼见着被帆布包裹起来的死尸旋转着落入水中,想到通往大海深处该有多少古里的距离,我们开始感到恐惧,仿佛自己也将这样死去,也将被抛入大海……"

到达日本时,霍乱爆发。契诃夫只得中途靠港,转从香港、新加坡和印度返回:

"……我对新加坡没有什么印象,因为当我经过那里时,不知何故,我正沉浸在悲伤中。我几乎落了泪。然后是锡兰,那里是天堂。在那人间天堂,我饱览了棕榈树森林和古铜色肌肤的女人。等到我有了孩子,我一定要骄傲地对他们说:'小兔崽子们,在我盛年的时候,我可是跟一个黑眼睛的印度女人发生过关系呢……在哪里?在结满椰果的森林中,在皎洁的月光下……'"

"世界是美丽的。只有一样东西是丑恶的:我们。"

语气中混合着玩笑、伤感和平静的失望,这就是契诃夫——在他的手记,他的信件,也许,也在他的灵魂中:他的口吻令人难以忘怀。

他没法再继续闲着,此刻他已尝到过长途旅行的乐趣。不过,他知道自己病了。可在一八九一年春天,他还是伴随他的编辑朋友苏沃林出国旅行。他走访了维也纳、威尼斯、佛罗伦萨、罗马、那不勒斯和巴黎。他还从未到过欧罗巴。起先,一切都令他愉悦,令他兴奋:"维也纳的房屋有六七层楼高,商店中可以看到令人惊叹的青铜器、瓷器、皮革……女人们美丽又优雅……""威尼斯是我今生所见过的最美的一座城……夜晚,若不是习惯了这里,真可以这样死去……泛着轻舟……空气温柔宁静,星光满天……一个贫穷、羞怯的俄罗斯人,在这样一个美丽、富饶而自由的世界,真的太容易意乱神迷。真想永远地停留在这里。当我们站在教堂门口,听着管风琴的奏鸣,真会愿意变成一名天主教徒……想哭,因为在所有的角落,都能听到美妙的音乐和歌声……"

然而,第二天,天下雨了。"美丽的威尼斯"不再那么"美丽"。从水面吹起的愁闷,令人"迫不及待地想把自己尽快解救到有阳光的地方去。"

在罗马和佛罗伦萨,没完没了的博物馆令他感到厌倦和疲劳,他怀念起俄罗斯,怀念起一盘"燕麦汤"。和苏沃林的儿子在蒙特卡洛时,他想出自以为不会出错的赌法,即在每次输钱后都以双倍赌注再押,结果,自然输光了身上所有的钱。"我的天,在长生花、棕榈树和佛手柑的花香弥漫中,这样的生活是多么可鄙,多么恶心。我爱奢华和富有,但这种赌盘上的奢华给我的感觉就像是富丽堂皇的厕所。"

总之,"罗马看上去像哈尔科夫,而那不勒斯很脏"。(给玛丽·契诃夫的信,那不勒斯,一八九一年四月)

不过，巴黎令他喜欢，法国人是"优秀的民族"，但他疲倦了，想回"家"。时不时地，他会希望变动，希望看到新的风景，就像对女人的渴望。但他很快就疲倦了。他要寻找新的东西，探索另一片天空。他随身带着一件小小的首饰，上面刻着这样的铭文："对一个孤独者而言，整个世界就是一片沙漠。"

这片沙漠，他走到哪里都无法穿越，时而是东方，时而是意大利，当他在新加坡或是威尼斯时，他又会沉痛地怀想起自己咳血的莫斯科。他老了。

二十三

契诃夫写作时总在与时间赛跑；他的稿子必须在与编辑定下的日期之前上交，他总是那样一丝不苟，所以从未失约。不惜一切代价在固定日期截稿的任务是非常艰巨的。

"……由于这个原因，"他说，"开头总是满当当的许诺，仿佛我要写的是长篇小说，中段便变得皱巴巴怯生生，到结尾……烟花一场。"

作家的整个人生也仿佛是"契诃夫式"的写作。充满表演、舞台和多彩经历的童年与少年，而后的青年时代，命运加快脚步，成功与失败纷至沓来。数不清的工作、疾病、旅行、葬礼、爱情。他的一生本该继续下去，漫长而丰盛，然而一切都在飞逝，仿佛有人宣读出这样一句契诃夫经常听到的话："作品必须在这个日期前完成……"人生的书页上已经写下这个词：完。

二十四

俄罗斯的评论家们想讨好契诃夫，便将他的小说与莫泊桑的相提并论。莫泊桑是一位出色的艺术家，尽管他在今日受到不公正的待遇，但不得不承认，他的故事通常都太像完美的机械；而契诃夫的小说却是鲜活真切的，带着活生生的人都会具有的缺陷和优点：人性化的不完美，和生活中的神秘颤动。

爱德蒙·雅路曾精准地指出，莫泊桑最好的小说的败笔之处，就在于它们牵强的特性，即竭力想达到某个顶峰，实现某种效果。小说的最后一句话像一支箭似的直插入读者脑海的意象中。而契诃夫则渴望营造出音乐流淌般的感受。他小说结尾，或多或少，都带有清亮悠远的回声。

莫泊桑、梅里美以及别的一些作家，都在他们的短篇小说中突出一个情节，一个独立的事件。繁多的人物和场景，那是留给长篇小说的。这样看似很符合逻辑，但事实上，和大多数艺术规则一样，这种规则也具有任意性。当我们在一部短篇小说或长篇小说中凸显一个主人公或一个事件时，我们其实会把故事变得贫乏；而现实中的复杂、美丽和深刻，却建立在从一个人到另一个人，从此在到彼在，从欢乐到痛苦所形成的千丝万缕的联系之中。

契诃夫努力把许多人类体验包含在短短几页纸的篇幅中。例如，《长舌妇》就讲了一个关于传奇艳遇的故事，这段传奇本身就具有意味深长的悲剧色彩。一个商人偶然在一家小旅馆门前歇脚，讲起从前有一个爱他的女人如何被爱情推向犯罪。商人和农民之间的谈话结束了。他离开了。那些妇人再也没有见到他，但他说过的话，却照亮了至今为止一直掩埋在她们幽暗的心底深处的东西：激情、仇恨、绝望。商人的爱情并非一个孤立的现象；它连通着所有的爱情与艳遇；人世间的每一样东西都在影响着自身周围的一切。

《出差》整篇讲述的是一个在枞木屋中，在一个自杀者的尸体旁边度过的夜晚，而一群朋友这一整夜里都聚在舒适温暖的房间里，窗外是狂风暴雪。读者会感到自己身处两扇门之间：一扇通往欢乐无忧的世界，一扇通往肮脏可怖的天地。没有指责，没有歌颂。就是这样，这就是全部，这就是真实。

再说到《大学生》。春天的夜晚，一个年轻人在篝火旁取暖时，向两个农妇讲述耶稣的死。之后，他们分别了。这个故事给人留下的印象犹如音乐的和弦，如此温柔，如此纯净。我们隐约看见了大学生的生活，两位可怜妇人的生活，我们也听见了，恍如回声一般，穿过世世代代，来自千年之前的喧嚣。不到三页纸的故事，却产生出比长篇小说更丰富的意义和共振。

然而，当契诃夫要把某个人物从芸芸众生中挑出来写时，他从不是选择向我们讲起这个人物的某一起生活变故。凯瑟琳·曼斯菲尔德就以无与伦比的手法模仿了这个榜样。毫无疑问，是契诃夫教给了她这个秘诀：选择日常的生活，普普通通，没有特例。

《万卡》讲的是一个小小鞋匠学徒给他乡下的爷爷写信。这一天对于万卡来说与其他日子没有什么不同，既没有更幸福，也没有更不幸，但也许正因如此，才深深地将我们打动。令人赞赏的《哀伤》就是如此。一个马车夫失去了儿子。他无法向任何人倾诉丧子之痛，最后只得说给他的马听。没有大事发生，甚至没有最小的事件，只是一场可怕的命运。

现实中（除了一些特殊时刻之外）鲜有大事。读者正是在这些平凡庸碌的生活，单调平淡的日子中看到了他自己。他认出了自己，找到了自己。因为若真有变故加身，那个主人公往往不会是他。也许，真实的他，就只是在平静和无聊之中度过。

总之，即使契诃夫只用半页纸来写他的人物，也能够成功地让我们感受到人物的内在。莫泊桑和梅里美则向我们描绘人物的激情和特征，且满足于此。

让我们回忆一下《项链》中的女主人公。一个爱慕虚荣的小妇人，就这样。现在再看看法尔康，一个有荣誉感的科西嘉人。除了这样，也就没有别的什么了。相反，在契诃夫写的盗马贼身上，我们却可以看到复杂、多彩、深沉的内心世界（《贼》）。

描绘起农民或流浪者质朴简单的性格，他的手法格外出色。但当他把知识分子作为主人公时，就没有那么成功了。这时，他的故事背景就不再那么令人惊奇，不再对我们产生那么大的诱惑。《没有意思的故事》《决斗》《邻居》里的人物就是一些有教养有文化的男男女女。他们的交谈往往流于肤浅，他们的欲望和梦想只是虚构，不切实际。契诃夫缺乏托尔斯泰所具有的那份极高的天赋：从特殊中发现寻常。当契诃夫描写中产阶级以上的人物时，他会感到一种胆怯；托尔斯泰无可比拟的宽裕自如正是契诃夫所缺乏的。

契诃夫的小说是悲伤的。它们否认自己的悲观本质，因为小说中的一些主人公宣称："两百年，三百年后，生活将会变得美好。"但当我们长时间地阅读契诃夫后，没有谁会不感到揪心。

莫泊桑是悲观的。自然主义者用消极的目光看待生活。当我们把他们的这种人生观与契诃夫的相比较时，会发现它有些简单幼稚。莫泊桑的人物之所以痛苦，是因为他们贫穷、衰老或生病。他们绝望的理由都是外部的。而在契诃夫笔下，一个人痛苦的原因是，在他眼中，生活没有任何意义。

一位爱上他的女人问他：

"生活的意义是什么？"

他怏怏地回答：

"你问我生活是什么？这不就好比是问：胡萝卜是什么？胡萝卜就是胡萝卜，没别的。"

图赞巴赫也在《三姐妹》中这样说：

"一百万年以后，生活仍会是原来那样：恒久不变，永远如故；它遵循自己的法则，而这套法则与我们无关，或者说，至少我们永远也不会理解它。那些鸟儿，比方说鹳吧，它们飞呀飞，不管它们的头脑里飘忽着什么样的思想，高尚也罢，渺小也罢，它们总是飞着，不知道自己为什么要飞翔，要飞到哪儿去。不管它们当中出现什么样的哲学家，它们始终在飞，将来也还是飞；它们爱怎么谈哲学就怎么谈，只要它们仍在飞翔……

玛莎：那么，这总归有个意义吧？

图赞巴赫：意义……喏，天在下雪。这有什么意义吗？"

一种平静的幻灭感浸透在其作品的字里行间，有的时候，它们还带有独特、清醒、温柔、安宁的语调。

契诃夫关心自己的作品在创作和义风上最微妙的细节。要想了解他在自我完善中付出的是多么艰辛的劳动，就该重读他最初的和最近这些年的文章：多么大的不同！在他生命的尽头，"他不是在写，而是在刻画他的小说"。尤其是，他不停地反思自己的艺术。他发乎本能地对之进行深思，倾注意志。他最首要探寻的是简洁。句子必须尽可能地简短，每个词都要充分达意，绝不多余。他说自己有一天曾在小学生的作业本上找到了最理想的描写："大海很大。"那个孩子这样写道。作家承认，再没有比这更确切的表达。简洁、明了、节制，它们的重要性高于一切。富有启发，不加解释。说起故事来不拘形式，从容不迫。"本能告诉我，短篇小说的结尾应该在读者的脑海中着力浓缩出整部作品的印象。"

一个作家可能遇到的每一个困难，契诃夫都一一经历过。他曾被迫赶稿，匆促写作，然而他的小说却都是精美细致的杰作。"有一天，在我面前，"，马克西姆·高尔基写道，"托尔斯泰赞赏地说起契诃夫的一篇小说，我记得是《宝贝儿》。他说：'这就像是贞洁的少女所刺绣的花边，在古时候，有那么一群做刺绣活的少女，她们就是这样劳作的……'托尔斯泰激动地说着，热泪盈眶。那一天，契诃夫感到骄傲。他坐在那里，双颊通红，低着头细心地擦拭着自己的夹鼻眼镜。他长时间地沉默着。终于，他吁了一口气，用低沉而羞怯的声音说：

'这里头……还有些明显的错误……'"

提到契诃夫，总不免要绕回到凯瑟琳·曼斯菲尔德，因为她是他的精神继承人，在生命的尽头，她坚定地认为，一个作家在自我完善和道德提升中，也会完善和提升他的艺术。契诃夫从来没有做出如是的教诲，但他用整个人生为这一真理做出了最好的阐释。契诃夫作为一个人的品质——谦逊、正直、简朴，不懈努力去自律，去修身，去爱他人，去忍受病痛和忧虑，并且让自己尊严地、无所畏惧地等待死亡——都映照在作为作家的契诃夫的作品中。这个曾悲伤地断言生活无意义的人，却成功地给自己的人生赋予了无比美丽、无比深刻的意义。

二十五

契诃夫与他的编辑苏沃林结下友谊。这个苏沃林可是个奇怪的人物,他是那个时代最遭人厌恶的人之一,因为他是个反动派,尤其还是个机会主义者。然而,苏沃林值得一提的地方似乎并不仅止于他的声名。我们可以通过他留下的《回忆录》来评判他,在这部不是写给公众的回忆录中,我们看到,他的一生,也不过是一系列的偶然。

阿列克谢·苏沃林和契诃夫一样出身平民,是农奴的子孙。他最初的职业是小学老师,在俄罗斯中部一座偏僻的乡村里教地理,一个月的工资是十四卢布六十戈比。他结了婚,有一个孩子。他想成为一名记者。因此他必须向莫斯科进发。于是,他为家人在距离首都十俄里的地方租了一间枞木屋。他的妻子进城是用步行的,为了不磨损靴子,她就把它们脱下拿在手上,光着脚走在尘土中。过了些时日,苏沃林想去彼得堡碰碰运气,他不得不向朋友借一件大衣出行。他在一家报社当编辑秘书。他做起事来干劲十足,也许,再加上擅于逢迎权贵且嗅觉灵敏,他很快就成为俄罗斯最大的日报《新时报》的社长,拥有最重要的几大出版社,最终,所有铁路干线边的报刊亭都掌控在他的手中,他从中获取了巨额利益。嫉妒他的人根据谢德林的一句话给他起了绰号叫"老爷贵干?"因为无论在什么事情上,他都努力迎合政府的观点,而政府也不停地用新的好处回报他。不过,在由苏维埃发行并传播到我们手上的报纸中,他利用报纸的篇幅表达自己对时局和当权者的真实看法,评价起来不留情面。契诃夫敬重他的文学品位、头脑和直觉，而他则毫无保留地欣赏契诃夫。他们相处得非常融洽。他俩经常结伴旅行，他们对许多事物有着共同的偏好，比如书籍、钓鱼、戏剧，乃至墓地。

"今天，是圣周瞻礼七。我和契诃夫一起来到戈尔布诺夫墓前，打开悬在十字架上的提灯，取出蜡烛，将它点燃。我开口念道：'耶稣基督复活，伊凡·费奥多罗维奇。'"（一八九六年三月二十三日，见《苏沃林回忆录》）

如此这般为死者祈祷后，契诃夫和苏沃林继续穿过墓地。苏沃林注意到，这些坟墓距离涅瓦河非常之近：他，苏沃林，将来一定要葬在这里。

"我的灵魂，"他说，"他日将会逸出棺木，在地下一直走到河边，在那里，它将找到一条鱼，钻进它的体内，从此悠游而去。"

契诃夫全神贯注地倾听着，一边若有所思地抚摸自己花白的小胡子。这些年来他变了很多，老了很多。他的身子瘦削单薄，他的一双大手因为热病而干燥滚烫。他戴着一副夹鼻眼镜，皱纹爬上了疲倦的面庞。"他看上去，"库普林说，"像一个乡村医生或是外省小城里的小学教师……"第一眼见到他时，他显得平凡无奇，"但接下来，你就会发现一张最英俊、最精致、钟灵毓秀的面孔"。

契诃夫和苏沃林一起观看了加冕礼。"加冕礼的这些日子，"苏沃林在日记中用一种先知般的古怪口吻写道，"天气晴朗，阳光灼人。统治亦将如是灼人。它灼烧的是什么？谁在灼烧？"（《苏沃林回忆录》）

他们俩都有着对戏剧的热忱。苏沃林当年还是个剧作家。他

有时会抱怨戏剧界,说那令他厌倦。然而,他还是补充道:

"可是我无法自拔。这其中总有着某种东西在吸引着我。"

至于契诃夫,在与演员们的频繁往来中,在舞台后台的烟尘中,他找到了自己身上始终缺乏的那种充满热情与生命的精神食粮。戏剧对于这两个朋友而言,是一份巨大的慰藉。

终于,这两人都遭遇到了人们投来的某种轻蔑目光:苏沃林被看作是恬不知耻的人,而契诃夫则被认为太过柔弱,不抱幻想。契诃夫东方之行归来,发现在他周围有一种古怪的气氛:"说不清的敌意……人们竞相请我吃饭,对我歌功颂德,而同时,他们也随时准备着把我吞噬。为什么?鬼知道。要是我用左轮手枪对准自己的脑门放一枪,我的朋友和仰慕者们十有八九都会从中得到巨大的快感。"

这种敌意的原因是多重的:人们爱契诃夫爱得太多了,他们自己都对这种爱感到了疲倦。人们嫉妒他:他如此年轻就得到了这般名望!有些批评家尖刻地指责他自诩天才,而其实不过是个"走了运的年轻文人"。

某些人对苏沃林滋生的仇恨也同时波及了契诃夫。四面八方的压力都在逼迫他们放弃这份友谊,但自然地,它坚持了下去。

这种来自公众和批评家们(契诃夫说后者"不是人类,而是一种霉")的冷漠与不公正,这种孤独、不被理解的感受,最终使得作家成熟。他在精神上的独立变本加厉。他现在甚至起来反对托尔斯泰本人。杰出的《第六病室》诞生于一八九二年,那是标志着契诃夫完全抛弃托尔斯泰影响的时刻。他没有停止崇拜这位艺术家,他依然爱戴这个人,依然把他看作"最伟大的人物"。但他的心中已不再服从他了。他不再将人民理想化:

"我的体内流淌着农民的血液,农民的品性无法令我动容。"

他是一名医生,因此,他无法像托尔斯泰那样藐视科学与进步。在他看来,"懂得利用蒸气为人类造福,要比拒吃猪肉或是坚守童贞所做出的贡献大得多"。尤其是,他不再赞同道德自我完善的理论,这个理论在托尔斯泰眼中,是治愈一切痛苦的惟一解药。他刚刚踏访过的,从莫斯科到萨哈林的俄罗斯疆土,他赞叹不已的西欧,他在自己周围和自己身上所看到的一切,都在告诉他,俄罗斯的生活是丑恶的,必须改变它,如果需要,还应该推翻它,而不是沉浸在一种涅槃、一种徒劳的灵魂冥修中。

我们了解《第六病室》的主题。在一座肮脏阴暗的外省医院里,一个酗酒又粗暴的看守掌管大权,医生放任自流,并说服病人,人间的一切都是相互关联的:富人和饿死鬼所承受的痛苦总量是相当的;深锁监狱可以和置身草原一样自由;躺在医院病床上也可以如同身在天堂一般幸福。多么好听,多么安慰人的说法!然而有一天,医生自己病倒了。人家宣布他疯了,把他关了起来。他被护士殴打。他受尽凌辱。这时他才明白别人为他的错误所忍受的痛苦,但是太迟了。

整个俄罗斯都在上演着本质相同的画面……铁窗中的第六病室就是这个帝国,很容易可以给它一个名字,叫暴力帝国。缺乏意志和勇气的医生就是整个"知识界"。这就是契诃夫在写作《第六病室》时真正想表达的东西吗?他是起来反对托尔斯泰的教义,还是真的在批评政治体制呢?或者,更深刻地说,是在批评整个人类的生存状态?还是仅限于描绘出一幅真切精准的画面,不赋予其意义?我们无法给出定论,但读者自有公断。这是最重要的。《第六病室》大大提升了契诃夫在俄罗斯的声誉,由于它，苏维埃社会主义共和国联盟把他追认为自己人并且宣称，要是他再活一次，他一定属于马克思主义的党派。他死后的荣誉出人意料……

然而，他并不快乐，他既感觉不到理解，也感受不到爱。他觉得自己的人生是无用的。他叹气："为什么写作？为了钱？可不管怎么样，我都从未有钱过。"

于是他逃避到乡下去。他始终热爱乡村。那些宅院，"诗意而忧伤，有着被遗弃的姿态"，他不停地在他的小说中描写它们，他感觉到它们散发出丧事和情欲的味道。有一年夏天，他终于在一所半废弃的房子里租下一层楼。他躺在"宽敞的圆柱大厅里，屋内除了他睡的长沙发，以及一张桌子外，没有任何家具……在安静的白天，古老的火炉噼啪作响；在暴风雨的天气，整座房子都在颤抖，仿佛就要裂成两半，令人有点恐惧，尤其是在夜里，当那十扇大窗户在刹那间全部被闪电照亮之际。"

自他年少时候起，他就梦想着能买一处自己的房产：

"我们从来没有过属于自己的角落，"他对兄弟们说，"这是多大的遗憾！"

从一八九二年起，他拥有了一块土地：梅里霍沃。

二十六

托尔斯泰教导过，拥有财产是一种罪恶。但对于契诃夫而言，成为地产主是多么快乐！不再需要交房租，单是这一条就令人兴奋不已。当契诃夫一家到此地落户的时候，梅里霍沃正覆盖在冰雪之中。房子建在一片荒芜的空地中央，仿佛被遗弃在"一个小型的西伯利亚"当中。全家人很失望。没有人能理解契诃夫的快乐，不过，长久以来，他们就不再试图去理解他。然而，他自己则很满意这所孤立的宅子，这间"有三扇大窗户"的工作室。他起得特别早。他劳作，不仅是脑力劳动，还有体力劳动，后者对他来说是新鲜而美妙的。他亲自清扫院子，把厚重的雪铲进池塘，敲碎坚冰。在这块庭院里，他渐渐营造出一所花园，他种植果树，点缀玫瑰。他的两个不幸的哥哥只会本能地糟蹋和搅乱自己周围的一切，而安东·巴甫洛维奇却被一种相反的力量驱使着：美化、建造、升华。对他人的混乱和缺乏条理忍无可忍的他，给自己和家人的生活设立了严格如修道士般的纪律。他早晨四点就起床。他长时间地在花园里散步，这个园子由于他的精心照料，已经初具规模，生机盎然。他的两只狗波米尔和奇尼尔，是两条长身短腿猎犬，智力超群，陪伴在他的左右。正午开饭。接着是午休时间。而后，他就一直写作到晚上。他对苏沃林说："我想当一个秃顶小老头，坐在一间小房间里，对着一张大书桌，写啊，写啊。""文学有这点好处，"他笑着补充道，"可以让你握着一支笔坐上一整天，不去在意时间是如何流逝，同时，也不会感觉到某些类似于生活的东西。"夜晚，寂静的屋子里只剩下他和父亲通宵未眠。他还在写作。父亲低声唱经祈祷，年纪、安适和尊重的包围令这个老人柔顺、平和下来——已经很难再从他身上找到那个昔日的暴君，那个总是挥着拳头，满口脏话的杂货店老板了。

作为儿子的契诃夫忠诚、恭敬；做父亲的仍然保持着自己的地位，但他们之间还是有那么些东西无法释然。契诃夫没法完全忘却过去，那些拳打脚踢，那段艰难的童年……而父亲则在顺从的同时，暗暗觉得恼火。

"今天"，契诃夫写道，"在饭桌上，维萨里昂（这是他和兄弟们在少年时代给家里的暴君起的绰号），维萨里昂在高谈阔论，他说文盲比读书人有用。我走进来时，他闭上了嘴。"（写给亚历山大的信，一八九七年三月十一日）

家里的其他成员都崇拜着安东，怀着世上最大的热忱，令他的生活不堪重负。有一天，他的哥哥亚历山大到梅里霍沃看他，与他共度了一段时间后离去，在归途中等火车时，他在乡村小车站里给他写了这样一封信：

安托沙：

我离开梅里霍沃时没有向阿拉特里芒特朗（父亲的又一绰号）告别。他在睡觉，愿主与他同在！愿他梦见鲑鱼和油橄榄。我们的母亲在离别的时候说，我令她伤心了……我钻进汽车的时候，我们的妹妹变得很悲伤。一切都井然有序。无法井然有序的，是我的灵魂。别为我的怯懦逃跑而生气。我对你怀有极大的同情。我是，我也是一个脆弱的人，我无法冷静地承受他人的痛苦。当我看着你，看着你可怕的生活，我由始至终都感到难受……所有一切，无一例外，是你美好的意愿，但结果却完全是事与愿违的误解。为了缓解所有这些误解、相互刁难、泪水、不可避免的痛苦、压抑的叹息，惟一可行的办法，就是你最后的决定，你独自离开。

我们的母亲从来就不理解你，也永远都不会理解你。她深深地痛苦着，因为你生病又易怒。她无法走进你的精神世界。我们的父亲，昨天在树林里，向我反复地抱怨没有人听他说话。他是个聪明人。祖父曾是管事，叶尔戈……你是一个善良优秀的人。上天赋予了你光芒（才华的光芒）。带着这样的光芒你在哪里都能安身立命。因此你必须不惜任何代价地保持活跃的灵魂。放弃一切：乡村生活的梦想，对梅里霍沃的爱，以及所有被你埋藏在那里的情感和工作。梅里霍沃并不是世间的惟一。阿拉特里芒特朗在吞噬你的灵魂，就像老鼠啃光蜡烛，这是怎样的感受呢？吞噬它可并不难啊……（洛帕斯尼亚，一八九三年六月）

在孩童时代，安东·巴甫洛维奇做到了对内心自由的保卫，"活跃的灵魂"，这要归功于梦想、沉默以及态度温和却带着讽刺的顺从。成年后，疾病、盛名，也成为了解救他的良药。而在所有一切之上，最令他感到安慰的，是大自然。

"当我看到春天，"他写信给苏沃林说，"我强烈地渴望着在另一个世界会有天堂。"（一八九二年三月十七日）他把大把大把的时间用于在池塘边钓鱼。

有一天,一个来访者很吃惊地发现,这个池塘里竟然一条鱼也没有。但至少,在水边,契诃夫的心情平静。他给初次见面的人留下的最深刻的印象,就是他那独特的沉静。他的举止温柔舒缓,他的言谈单纯简洁,他的声音冷冷的,但却保留着孩子般的微笑。(布宁的回忆)

"他有着宽阔白净的额头,优雅的身型,"大约在这一时期认识契诃夫的库普林这样说,"只是,在眉毛之间,在鼻根处,出现了两道垂直的、沉思的皱纹。"

库普林还记录道:"第一次见到他时,发现他的眼睛不是蓝色,而是深暗的,接近褐色……他的夹鼻眼镜,以及他微微仰起头,透过眼镜底边看人的方式,使他的脸庞有时显得有些严肃……"

然后,"在他忧郁的眼睛里闪烁着一丝微笑,所有的额角细纹都微微抖动起来。他的声音深沉、温柔而浊重……"(马克西姆·高尔基的回忆)

他日益消瘦,咳嗽,衰老,连他自己都说:"我就像一个溺水者。"但仍然固执地不肯承认他的病,而且,恶劣的健康状况也从未妨碍他坚决地去履行他作为医生的职责。这位病号总是毫不犹豫地在深夜里出门,在汽车里熬过好几个小时的颠簸,待在肮脏污浊的枞木屋里,陪在农民病患的枕边。

"在(全国)所有的医生当中,我是最不幸的一个:我的车马不顶用;我不认识路;我没有钱;晚上,我什么也看不到,很快就会感到疲劳,而最关键的是——我从来都无法忘记自己必须写作,我迫切地希望把霍乱病人送走,让自己能坐下来写作……

我的孤独彻头彻尾。"（给苏沃林的信，一八九二年八月七日）

"我感到厌倦。我不属于自己，脑子里尽是痢疾病人，夜里一听到狗叫或是有人敲门（一定是来找我的吧？），就一个哆嗦跳起来，乘坐破马车在陌生小路上前行，阅读的书籍只和霍乱有关，专门等着霍乱病人来访，同时还要全然无视这种疾病以及我所服侍的这些人……"，他再度叹气。（给苏沃林的信，一八九二年八月十六日）

但他是一名医生，他没有一刻想过逃避自己的责任。作为作家，他从这些悲惨的生活画卷中汲取题材。他愈发消瘦；他咳血。"我的灵魂倦了。"他这样写道。但他的作品，在这些痛苦和他人的痛苦中，变得丰满。

两部几乎可以算作长篇的小说，是根据在梅里霍沃的回忆写成的：《农民》和《在峡谷里》。契诃夫描写庄稼汉的笔法深深地震动了该时代的知识界，"这些人，"高尔基辛辣地讽刺道，"这些人终其一生只在试图理解，为什么同时坐两张椅子会那么不舒服？"

知识界向来都把农民理想化，而从不花功夫去了解他们。待在枞木屋里，呼吸农民散发出的难闻气味，跟他交谈，观察他如何生活，如何爱人，如何对待自己的妻子和孩子们，所有这些，彬彬有礼的读书人可从没关心过，他们只会鹦鹉学舌般地重复着托尔斯泰或屠格涅夫的教诲："庄稼人是善良的，是圣洁的。"

根本不是这样，对于知识界而言，他们信仰理性，但却也有其政治态度。他们希望进行自由改革。政府拒绝了，借口是人民还不够成熟，尚不能采取自由模式。在向政府表明农民是杰出的、道德高贵的阶级时，他们得罪了政府，并夺走了它最好的武器;除此,资产阶级别无他求。

但契诃夫了解农民。首先是发自本能地了解,因为他的血管里流淌着农民的血液,再者是因为,他去拜访他们,照顾他们,与他们交流,努力把他们当作平等的人来对待。他很清楚,知识界弄错了。俄国农民并非什么圣人。在他们中确实有着性情温良、逆来顺受、总是作为受害者的人,比如《在峡谷里》的利娜和《农民》中的奥莉加。然而,总的来说,是残酷,是野蛮,是无情而悲惨的生活!这些长久生存在奴隶状态下的人们与动物相似,那点作为万物之灵的血统只是在极偶然的情况下才会感人地显现。这就是契诃夫眼中的农民。

他们住在阴暗、肮脏、逼仄的房子里。"全是苍蝇!平底锅倾斜在一边,圆木头横七竖八地堆了一面墙,仿佛这枞木屋在瞬间就可能坍塌成一片废墟。"(《农民》)农民还虐待动物(——猫是聋的——为什么?——显然,是被打成残疾的),虐待孩子、女人,一切没有自卫能力的生命。悲惨的生活骇人听闻。食物就是蘸水的黑面包。过节时就在里面加上鲱鱼。他惟一的激情,是在穷困潦倒的时候酩酊大醉,在境况宽裕的时候继续致富,他无所畏惧,从不退缩:他去偷,去抢,如有必要,他还可以去杀人。女人们放荡而吝啬,或者是身世悲苦,从童年时代起就担惊受怕。阿希尼娅一口恶气咽不下,就杀死了弟媳(《在峡谷里》)。"农民没有恻隐之心。他们不教孩子祈祷,不和他们说起上帝……只是在封斋期不许他们睡懒觉……同时,他们又集体崇拜《圣经》,他们温情地、充满敬意地热爱它,而手上没有任何书本,因为没人识字。"(《农民》)

当年迈的父母生了病,子女们就会说他们活得够久了,该是死的时候了。庄稼汉觉得自己被一切抛弃了：没有人帮助他，没有人安慰他。"那些比他们更富有、更强大的人也没法帮助他们，因为那些人本身就粗俗、不正经而且酗酒。"(《农民》)"悲哀啊！悲哀！"契诃夫发出感慨。这些生灵需要的，不是自由，而是好好活着。请求沙皇开恩给这些人以自由并不是什么难事，然而，要给农民好的生活，就必须触动富人阶级的财产利益，这就没人愿意了。因此，受过教育的读者们读到契诃夫所写的农民小说时，就不是那么愉快了。

二十七

契诃夫有一个画家朋友——列维坦。一八九二年春的一天，在乡下，他们两人一道去打猎。列维坦几乎是在无意中打伤了一只鸟，鸟儿落在他们脚下。"长长的嘴，大大的黑眼珠，一身美丽的羽毛……它惊愕地望着我们。"契诃夫写道。怎么办？列维坦苦着脸，闭上眼睛，用颤抖的声音哀求道：

"我的朋友，送它上路吧……"

"我做不到。"契诃夫回答。

鸟儿依旧躺在跟前，"惊惶"地望着他。终于，契诃夫结果了它："至少还有一只美丽可爱的小生灵，与两个傻瓜一起回到屋里，上了餐桌。"（一八九二年四月十八日）

这一年里，在乡间，有音乐，有池塘边的漫步，有温和的夜，还有可爱的年轻姑娘。春天、月夜、美丽花园的气氛，和无名鸟儿的死，这一切都再现在契诃夫后来所写成的一出戏剧中：《海鸥》。

"我很用力地写它，但以轻柔的调子完成它，和所有戏剧艺术的规则大相径庭。它成了一个全新的东西。我对它的不满多于满意，在阅读自己的全新剧本时，我不止一次地说服自己，我不是个剧作家。每一幕都很短。一共四幕。"

我们知道《海鸥》的主题。一个年轻女子爱上一个著名的作家。她想成为一名演员。她实现了梦想，却只给自己带来失望和痛苦，并导致爱她的男人死亡。这部戏温柔、诗意、朦胧、精雕细刻，事实上，它更像是一篇小说。即使是用来阅读，它也显得另类、新颖、难于理解。契诃夫把它指定给彼得堡的亚历山大剧院，以纪念几年前《伊凡诺夫》在那里取得的成功。一位非常著名的女演员，当时事业正起步的康米萨尔热芙斯卡娅担当了年轻女孩尼娜的角色。但彩排很不充分：九天后此剧就要上演。第一场演出定于一八九六年十月十七日。

契诃夫自己并不期待有大的成功；他对自己的作品也只有五分满意。不过，他知道自己受观众的喜爱和尊敬。他觉得这戏不会太出彩，也不会多失败：一般般，过得去。在苏沃林的包厢里，他看上去平静、温顺，就像往常一样。大厅里人很多。幕布升起。几段对白进行下来，契诃夫感觉到自己周围敌意的气息，这种气息，他在六年前从萨哈林岛回来后领略过多次。听得到窃窃私语的声音、人们打哈欠的声音。在舞台上，穿白裙的尼娜，背诵着那段著名的独白：

"……人，狮子，鹰和鹧鸪，长着犄角的鹿，鹅，蜘蛛，居住在水中无言的鱼……"

有人发出笑声。

"一股硫磺味，"一个演员说，"必须这样吗？"

又是一阵笑声。

"这个契诃夫，你看看，你认为他是天才？"一个观众向他的邻座低声说。

"我？我可从没说过！"

一个无名作家插了进来：

"他根本没有天分，根本没有……"

"他想要惊人，想做出些特别的、独创的东西，看吧，现在他干得多愚蠢！"

然而，戏仍在继续。起先人们装作在听，接着耸耸肩膀，又开始笑起来。契诃夫的朋友们在大厅里找他，而他，从包厢里听到他们用怜悯的语气高声地询问：

"那可怜的人，他在哪里？"

评论家们已经在打腹稿准备明天要写的句子："前所未有的闹剧……我们已经很久不曾目睹这样令人眩晕的砸场了。这部《海鸥》，简直就是一条怪兽长廊。"

其他温和些的，则是满足于指摘这部剧不顾戏剧规则，契诃夫从不知道怎么写戏剧：

"《伊凡诺夫》，你记得吗？事实上，观众最开始的反对声是公正的……"

"是啊！观众的本能，那是非常重要的……"

"还有啊，即使是契诃夫的小说，也没有人家说的那么好。至于这个《海鸥》！……"

"是只青蛙却想学公牛。"有人故意提高声音，以便让人听见。一个评论家则微笑着把这个句子记下来用在第二天的文章里（这个评论家名叫谢里瓦诺夫，靠着他对《海鸥》的评价，他的名字在他死后仍被记住了好长一段时间。接下来的若干年里，每逢这场戏成功演出，总会有人回想起倒霉的谢里瓦诺夫所抛出的名句。）

大厅里仿佛全是契诃夫的宿敌。所有妒忌他的人，所有他无意中表示过不信任的人，所有曾不得不在报纸上让出版面登契诃夫小说的人，都来报复了。在这群人中还要加上那些随声附和的人，恐惧一切艺术革新和生活变化的人，一些傻瓜，一些虚伪友人——而且为数不少。

想到自己已事先写好文章预祝这出戏的成功，苏沃林懊恼不已。因为现在，一切都彻底改变了。谁会料到这样大的失败？《伊凡诺夫》在莫斯科的首演，和这场比较起来，简直可算是成功的了。另外，回头反思，观众也并非毫无道理。这出戏的确是另类的。用来阅读时，它令人喜爱，然而里面没有情节。契诃夫不听任何人的话。他此刻正咬着自己的指头。多么古怪的一个人……他有着强烈的自尊心。他不听任何建议，顶多是不耐烦地谢绝。难道，这段时间以来，他已经倾向了自由主义？有些人是这样断言的……一切皆有可能。

契诃夫坐在苏沃林身后，在包厢的阴影里。一旁的苏汰林太太，和所有女人的习惯一样，她会在他宁愿沉默的时候不停说话，压低声音絮絮叨叨地安慰他。安慰契诃夫有什么用呢？他听到蓝色和金色相间的戏院大厅中传来喧哗、叫嚷、嘲笑，以及一阵一阵的喝倒彩。康米萨尔热芙斯卡娅本身演得很差，他记得，在排练阶段几乎没有一次不听到她的哭泣。

第二幕稍稍平静下来。但到了第三幕，观众几乎就是存心捣乱了。契诃夫默默地离开包厢。

戏结束时，苏沃林在大厅里遍寻不到他。凌晨两点钟的时候，一脸苍白、满含泪水的玛丽·契诃大来到苏沃林家里，说安东一直没有回家，她非常担忧。而这个安东，此时走在彼得堡阴冷潮湿的大街上。正值秋季。梅里霍沃下了第一场雪。他为什么要离开乡下？明天，明天他就要回去，他要把自己封闭在那里。比失败更令他伤心的，是感到自己已经太衰老，太疲惫，以致做不成什么事；是感到自己写得太多，以致"机器终于变形了……"

渐渐地,他平静下来。他回到家里。凌晨三点钟了。他吃了一块冷面包,上床睡觉。当苏沃林焦急地来到他的房间里时,他还未醒来。苏沃林想要开灯。契诃夫在床上对他喊道:

"求您了!别开灯!我不想看到任何人。我只想告诉你:他们把我叫做……早知我就不该再写戏剧。"

他去了梅里霍沃。《海鸥》的第二次上演获得了成功。但不幸已经造成了:评论家们恶意的文字已经被读到。这部戏上演了五次,然后就这样在圣彼得堡终结了它的舞台生涯。

之后,契诃夫将它出版。托尔斯泰读到后,给出了如下评语:

"它的确一文不值:写得就像易卜生的戏剧。"

"您知道我不喜欢莎士比亚。"他微笑着对契诃夫本人说,"但您的戏剧,即使属于安东·巴甫洛维奇的作品,也还是比他的更糟。"

二十八

在乡下，契诃夫照料农民，安顿农民，建立学校，改造马路。然而，在俄罗斯，一个聪明人并不能从自己伟大的善事中得到满足感。国家太庞大了，苦难太深重了。任凭谁都会气馁，失去耐性。在一个遍体鳞伤的身体上清洗和包扎一个小小的划痕有什么作用呢？你救起十来个人，可仍有千万人死去。在这广袤的帝国里修一条马路算得了什么？对一个蒙昧的民族而言建一个学校又有何用？政治把一切复杂化。在每五六年就会来袭的饥荒和接踵而至的霍乱中，富人们拒绝拿出钱来，因为半真半假的流言在他们中间散布着慈善基金会管理不善的讯息。甚至有人查实，红十字会私吞他们委托的资金。另一方面，政府阻拦个人筹资。契诃夫徒劳地尝试建立一个救援委员会，却遭到一些人的恶意抵制，另一部分人则表示出不信任。政府终于禁止了所有私人行为。悲伤、愤怒、疲惫的情绪牢牢攫住了契诃夫，就如他从萨哈林岛旅行归来后那样。更甚的是，他的病情恶化了。

一八九七年，他到莫斯科小住几日。正值三月，苏沃林邀请安东·巴甫洛维奇晚宴，但刚刚要到餐馆的时候，契诃夫感到不适：他开始咳血。他要了冰，试着含了几口，但血还是没能止住，"鲜红而可怕的血宛如火苗"。

朋友们都惊愕不已，纷纷把他围住。"这没什么。"他们说。"只是咽喉的毛病。"苏沃林肯定地说。但契诃夫此时明白，血是从右肺涌出的。他想起了尼古拉的死。他曾预感到这个事实，而后不去在意，现在它再度出现了，"……残忍，恐怖……如果，人死之后，个体消失，生命也就不复存在。我无法安慰自己说，我将融化在宇宙万物的叹息与苦痛中，那是一个我无法看见的终点……化为虚无是多么恐怖的事。人们把你送进坟墓，然后回到自己家去，聊天喝茶……想到这个就令人反胃。"

咳血并没有停止。在家里，他感觉好些了，几个小时之后，血又重新涌上来。人们不得不把契诃夫送到莫斯科的一家诊所。当高烧退去，咳血止住后，他又想和往常一样开开玩笑，但医生命令他不要开口；他平躺着，不说话，双手交叉枕在颈后，面色惨白。有人送花来，刚起步的年轻作家还顺带捎上自己的手稿，请求他的指点和修正。他不是正卧病在床吗，那一定没法写作，正好利用这个机会……

他没有抱怨。过去没有，当时没有，之后也没有。他不寻求别人的注意，也不想引起同情。当别人问他感觉怎样时，他就回答："还好。"然后转移话题。住院无聊吗？

"不，不会，您知道的，"他说，"我差不多习惯了。"

他们给他带来外面的新闻作为消遣。春天了。冰雪消融了。

"当我们给患肺结核的农民看病时，"他对苏沃林说，"他对我说：'什么也治不好我了，我将随春天的雪水一起消逝。'"

但当春天过去，他觉得自己的病也好了。医生建议他换一换环境。他出发前往比阿里茨，但那里恶劣的气候令他避之不及，于是他去了尼斯。他很享受这次旅行，尽管不通外语给他造成些许不便。"在国外，当我说德语或者法语的时候，有轨电车的司机就要取笑我。在巴黎，从一个车站到另一个车站，就好像在玩瞎子摸人的游戏。"但一开始，他在法国非常愉快。他在尼斯度过整个冬季。这个疲惫而感伤的病人热爱生活，既然爱生活，也便要爱它所给予的微小而短暂的快乐。天气晴朗的时候，尼斯那"轻抚肌肤、拨动心弦的大海"，崭新的面孔，异国的风俗（"我们真该住在这里学学礼节和精致。婢女就像舞台上的公爵妇人一样微笑——同时也可从她的面庞上看出劳作的疲惫。每走进一间列车包厢隔间，就必须打招呼……即使是对乞丐，你也得称'先生、女士'。"），狂欢节，法文书，乃至他饶有兴趣阅读着的天文历，一切都令他觉得新鲜有趣。他热心于德雷福斯事件，也就是从这个时期起，他开始冷淡苏沃林。苏沃林是站在反动派一边，反对重审德雷福斯案件的。契诃夫对法国怀有深切的同情，他似乎理解法国，并且比大多数欧洲人更能感受到法国人的美德。"忍辱负重，承担全责，这个走在最前列的民族是整个欧洲文化的标杆！"

尽管如此，他还是无法长期消受在温柔乡的流放：他想念俄罗斯。一八九八年十月，他的父亲去世；乡下的房子卖掉了，契诃夫来到雅尔塔的格里美生活。

二十九

"我过着修道士般的生活。"契诃夫笑言。事实上,他是一个地地道道的男人。女人的美貌在他身上并不唤起如托尔斯泰那样的欲望、耻辱和憎恶感。相反,他正常得多,简单得多,他享受女人,享受爱情,与众人无异。然而,在他的整个年轻时代,他都小心翼翼地保管自己真正的爱恋之火。蜻蜓点水的艳遇、暧昧的友谊、脉脉的柔情,这就是他感情生活的基调。"我真想好好爱一场,"有时候他这样说,"没有真正的爱情,人生是很无趣的。"他很讨女人欢心。她们被他的机智、风趣、柔弱所吸引,揣度他身上那份安静的忧伤。但一旦这场游戏过了火,一旦契诃夫感到有人想要拥有他的整个心灵,占据他的整个生活,他就开始逃避,且是以极其温柔体贴的方式逃避,以致对方完全无法对他有所抱怨,那失意的多情人最终变为朋友(但多多少少还是受到了伤害)。

他知道自己有病在身;他负担着整个家庭;他经济拮据;他自感衰老,活不过四十岁。何必要一个女人老跟在他的身旁呢?

"我也挺想结婚,"他半是嘲讽,半是严肃地写道,"但请给我一个月亮般的妻子,不会总是出现在我的地平线上。她在莫斯科,而我在乡下……"

也许,那些簇拥在他身旁的女人令他感到有些害怕。她们教养良好,秀色可餐,优雅精致,但是,这种生活方式和风气对于那个时候的他和他的生活来说,却是难以理解,难以适应的。她们总在渴望某种东西,期盼某种东西,在追求,在叹惋……也许，她们中有些人的确是真诚的，但这种情感状态，大多情况下，只是一种姿态，契诃夫没法把它当真。一旦有年轻女子矫揉造作地迎合"契诃夫式"，想要本色演出《海鸥》女主角，作家就变得犹疑、讥讽、冷漠得令人陌生。

女人们不懂得男人的易燃点在哪里（或者说，待她明白时，已经太迟了：她们的韶华已逝）。男人要的是她们美貌、可爱和欢快，付出一点真心，但别强求与男人交换心肠，她们要是准备把自己作为祭品献上，那可就危险了，就像《海鸥》中的尼娜，以及所有的女主人公。聪明谨慎的男人，会躲开这样的女人。

塑造了《海鸥》主角的名演员康米萨尔热芙斯卡娅就是这样的女人之一，被他在有意无意间吸引，随后又被他拒绝。

她身材娇小，有着一双忧郁的大眼睛，音乐般美妙的声音，出众脱俗的清秀面庞。戏剧在她看来既不是职业也并非事业，而是某种像使命一样的东西。在俄罗斯有很多这样的女子，她们走向舞台，就像其他人走向人民大众，就像我们走向修道院。对她们而言，艺术就是一个贪得无厌的神，需要她们献出自己的全部生命。一九〇三年，康米萨尔热芙斯卡娅将要出演蒙娜·万娜，她这样写道："我觉得自己没法扮演她——我做不到真真切切地感受她：我太过世俗，陷在凡尘俗物的斤斤计较中……"

在莫斯科，在读《曼弗雷德》之前，她说：

"我在这里——难受，失语，目光黯淡，心灵困顿，因为感到自己无法提升，无法从台阶式的进展升华至灵感的高空。也许我会取得演出上的成功，观众也会认为这就是我，而不觉得是一个表演机器。此刻我必须提升到一个很高的程度，才能找到自我……"如今的我们已经很难理解，一个演员会有如此真挚而热烈的戏瘾，并对观众产生如此巨大的魔力。

欧洲亦是如此，名角深得喜爱和赞誉，但在俄罗斯，这种崇拜还具有更为纯粹，也更为原始的特质。在欧洲，最优秀的演员是在为他们的艺术、他们的职业、他们的观众服务。而在俄罗斯，演员们所追求的东西却更为高远：这种追求正是托尔斯泰、契诃夫的最高梦想，是最高尚的东西——包罗了道德的、社会的、艺术的真理，甚至接近于一种宗教。当然，其中免不了有钩心斗角和哗众取宠，但总的来说，戏剧被这种理想主义升华了。演员们的报酬很低：年轻时候在外省，康米萨尔热芙斯卡娅一个月的收入是一百五十卢布。在莫斯科艺术剧院，莫斯克温这样的女演员一个月是一百卢布，克尼碧尔七十五卢布，梅耶霍德七十五卢布。我们也不能简简单单地用票房的成功来衡量他们付出的努力和长久的忍耐：这，是出于爱。我们也不能将他们与萨拉·贝尔纳德的成功相比，因为欧洲的观众是不同的：他们更为优雅和讲究，不像俄罗斯的观众那样朴实。在十九世纪的旧报纸上，我们发现一篇对康米萨尔热芙斯卡娅演出的报道。她谢幕达十五次之久。人们哭了，向她抛掷鲜花，不愿她离开。她已经更衣完毕，戴着帽子，穿着大衣，再度返回台上告别。狂热的呼声仍然响彻大厅："别离开我们！留下来！留在我们这里！"而她，激动得颤抖，满含泪花，喃喃道："我是你们的。"她看上去就要昏厥了。她哽咽着。大厅里，许多妇女都晕倒了。

欧洲观众可能会从中挑刺儿，说女演员的言辞有矫揉造作之嫌，说大厅里的人们患上了集体歇斯底里症。但在这里不会那样；这是出于彼此之间绝对的真挚感情，灵魂与灵魂的完美对话，以及对某种理想的、缥缈的、无法用语言表达的东西的渴望。康米萨尔热芙斯卡娅，与她同时代的所有女演员们相比，最能够激起那些为她喝彩的观众们心中狂热却又温柔的情感。

然而，尽管成功，她却并不快乐。她是一个焦虑、病弱、神经质的女子。她总是不停地怀疑自己，生活中或是舞台上哪怕一丁点的失败就足以将她打倒。她在外形上与契诃夫想象中的海鸥有着惊人的相似：小女人，苍白，瑟瑟颤抖，一张同时具有悲剧性和孩子气的脸庞，大大的眼睛，简直就是为尼娜这个角色而生的。同时，奇妙的巧合是，剧中女演员尼娜的虚构生活与女演员维拉·康米萨尔热芙斯卡娅的真实生活极其相似。

维拉·费奥多罗夫娜有过十分不幸的年轻时代。十九岁结婚，她几乎是立刻就遭到了丑陋的欺骗：她的亲妹妹成了她丈夫的情妇。为了这个奸夫即将出生的孩子，维拉·康米萨尔热芙斯卡娅同意离婚。出于骑士风度和浪漫情怀，出于悲伤和激动，她极端地把所有的错都承担下来，之后，她悲痛欲绝。这场悲剧过去后的第八年，她进入了剧院，此时她二十九岁了，俄罗斯的女演员到这个年纪通常已算是走到了演艺生命的中年。

在外省登台演出数场之后，她得以进入圣彼得堡的亚历山大剧院。她害羞而敏感。皇室剧院的管理总是冷冰冰的，没有人情味。此外，从保留剧目的演出再到演员的演技，一切都陈旧僵死。康米萨尔热芙斯卡娅是在演员和观众的怀疑中被接纳进来的。她才演出了两个月，只在奥斯特洛夫斯基的一部剧当中取得过一次成功，这时有人把契诃夫的《海鸥》中尼娜的角色推荐给她。她把剧本读了一夜，深受感动，同意出演。但内心深处，她很紧张：她担心会失败。

《海鸥》在写法上是全然独特的一出戏，在那个时代是全新的尝试，它的上演也是一个创举。在这部剧中，不需要长篇的独白，不需要大幅度的动作，也不需要激情的呼喊，而是靠沉默、内敛以及感伤而温柔的语调。这种戏不是仅仅凭明星就能成功的，它要求的是整体的完美，这是戏剧艺术的一场革命，而这场革命是在两年之后，才由斯坦尼斯拉夫斯基、涅米罗维奇·丹钦柯以及莫斯科艺术剧院来实现的。所以说，这出戏遭遇到的是最残酷、最不应有的一次次失败。维拉·费奥多罗夫娜全心地投入到了表演中去，海鸥，可以说就是她自己。一个好演员总是会将自己与所诠释的角色混淆起来。而在这部戏里，还承载了更多的东西，那是一种真正的灵魂相通。但是，它成为了一次失败的经历，于剧作者，是深重的耻辱，于演员，是巨大的痛苦。

走出剧场的时候她哭了。她回到家里，在母亲的怀抱里抽泣。"她不停地哭，"这位母亲说道，"为了契诃夫，为了《海鸥》，为了她自己。"

几个月后她得知安东·巴甫洛维奇身患重病。她给他写信。"为了我，请答应我的请求。说'为了我'也许太冒失了！但您应该感受到我的殷切请求！在顿河畔罗斯托夫，有一位名叫瓦西里耶夫的医生。您必须去他那里养病：他会把您治好的。请这样做！请这样做！我不知道该怎样请求您！愿上帝保佑您！"（一八九八年）

面对这样一封信，一个男人要怎样答复呢？契诃夫无比礼貌、无比温柔地感激了她，说他十分感谢她的好意，说她真是个好人儿，说他一定会听从她的建议。但自然，他什么也没有做。

几年之后，在巡演之际，她去克里米亚半岛见了他。她给他寄过相片，还在上面加了几行字（是尼娜在《海鸥》里说的一句话）："曾经的一切是那么美好……生活是多么明净、温暖、愉快、纯洁，心情仿佛温柔优美的花儿在绽放……"

《海鸥》在彼得堡排练的时候，有一天，在亚历山大剧院昏暗的后台，安东·巴甫洛维奇走到她身边，注视着她：

"我的尼娜有着和您一样的眼睛。"

然后，他就离开了。只字片言，如许温存……"仿佛温柔优美的花儿在绽放……"她曾有过辛酸坎坷的感情经历，而他……他从未有过幸福……她同情他；他是痛苦的、脆弱的，他孤身一人。她感激他创造了这样一个传说，这样一个海鸥，尽管那并不是她本人，但与她的灵魂就如孪生姐妹般相似。膨胀的世俗成功她漠然视之，她想要的是演活一个永恒的形象，一个可谓属于她的形象，她这样坚信。这次是她的错——她不禁怀疑自己，是她太紧张，太不稳定，而且害羞得要命，——是她害得这部戏失败。她感到受伤的不是自尊，而是她的心。她惴惴猜测契诃夫将永远不会原谅她了，或者，应该说，根本就不是原谅与否的问题：他不会忘记这件事，就是这样，在他们之间，这一夜的可怕记忆将永远不能抹去。

此刻，在古里索夫，他们形同陌路。他们之于彼此，只是陌生人。他们之间什么也没有。然而……

这个衣着朴素、明眸皓齿的小妇人，和那位留着花白小胡子、戴着小学教师的夹鼻眼镜、面容疲倦、渐渐老去的男人（一个是名声显赫的作家，一个是风华绝代的女演员）漫步在海边，在克里米亚半岛的沙滩上。他第二天就要离开了。她对他说：

"不，请别走。"

他则要求道：

"为我朗诵些什么吧。"

夜深了。他长久地听着她朗诵。狂风肆虐。她不再分得清自己是那被爱情抛弃的伤心人尼娜，还是名角维拉。但契诃夫，他完全不忘现实，他清楚地知道自己第二天必须离开（当时他的生活中还有另一个女人，但维拉并不知情）。

她再一次说：

"留下来。"

夜在流逝。他们沉默着。而后她又背诵了尼娜的独白、普希金的诗歌、保留剧目里最美丽的篇章，只为他，只为他一人，这样深沉而纯净的声音，谁人听到，能不落泪。

终于，他轻吻她的手，喃喃道：

"我不走了。"

但第二天，他还是离开了。她给他写去哀婉动人的信，但这些话对于如今知道契诃夫另有爱人的我们看来，却是那么讽刺：

"在古里索夫……我是多么地同情您，以致满怀忧伤……"

她向他索求照片。他给了她，"致维拉·费奥多罗夫娜·康米萨尔斯热芙斯卡娅，八月三日，暴风雨之夜，在大海的喧嚣动荡中，平静的安东·契诃夫谨上。"

平静……这显然不是她所期待的。四天后，也就是八月七日，她给他发去电报："我等了您两天。我们明天将要坐船去雅尔塔。您的愚钝让我伤心。您是怎么看待我的？请回答我。"

他回答了（这下她应该明白，他绝对不是愚钝，也许，还太敏锐了……）：

"雅尔塔天冷，海上风浪大。祝您保重身体，心情愉快。上帝保佑您。别为我烦心。"

但她还是无法想象"平静的契诃夫"会想着另一个女人。她安慰自己,心想也许是他太忧伤、害羞、孤独。她不再强求什么。她付出了全部,爱情不成,仍做朋友。

"我没有烦心。但我一想到您的生活,想到它此刻的状态,我的心就揪紧了。"

无论哪个女人都会感到自己骄傲的心受了伤,女性的"尊贵"无法接受失败。但她是那样真诚,她不怨他。她仍然渴望了解他,仍然对他怀有温柔的情愫。三年之后,契诃夫结婚了。维拉再度致信契诃夫,请他允许她将《樱桃园》搬上舞台,因为她"成立了自己的剧团"。

契诃夫拒绝了。"这个剧团,"他写信给他的妻子说,"坚持不了一个月。"但他错了。它持续了五年。

之后,他们没有再见面。他离世,而她则继续坎坷离奇的人生。她又有了几段爱情际遇,一如她与契诃夫的那般罗曼蒂克,但对方都表现得比契诃夫洞见敏锐。她拥有着艺术家的辉煌成功、巨大喜悦,但那种焦虑、不满足和苦恼的感觉却从未远离她。整个俄罗斯都把她唤作"海鸥"。而她的确就像一只受伤的小鸟,从一个地方飞往另一个地方,却一直没有找到栖息之所。

现在她四十七岁了。她在外省,在帝国的亚洲边境演出。她反复排演《海鸥》,她最爱的角色。她走进撒马尔罕集市,饶有兴致地挑选旧地毯和衣料。没过几天,她感到身体不适,她染上了一种可怕的病,俄罗斯东亚一带的流行病。天花。她病了几日,全国都在惶惶不安地等待着消息。一天早晨,她幸福地醒来,感到自己快要痊愈了:她"做了一个美妙的梦",梦中见到了契诃夫,她还和他说了话。四十八个小时之后,她离开人世。

俄罗斯没有哪位作家、哪位艺术家或是哪位政治家有过这样的葬礼。柔弱的躯体从塔什干运往彼得堡,从亚洲到欧洲,每一站,每一村,所有的人都来见她最后一面。俄罗斯的人民含泪与她道别。

三十

在阴冷潮湿的大厅里，光线昏暗的临时舞台上，一群年轻的演员在契诃夫的面前表演。在莫斯科，一个戏剧团体刚刚成立，由一批天才的导演、音乐家、画家、表演艺术家创办。涅米罗维奇·丹钦柯戏剧学校和斯坦尼斯拉夫斯基创立的艺术协会合并，它们将共同建立独一无二的莫斯科艺术剧团。

目前，剧团本身尚未准备停当：资金不足。他们尽可能地排练。这个秋夜，他们在一所修道院未完工的大厅里表演。大厅里寒冷萧索，光线昏暗，既看不到天花板，也看不到墙，只有无边无际、凄凄惶惶的阴影。在这样一个空间中，人的声音会产生奇怪而低沉的共振。没有舞台脚灯，取而代之的是一排钉在玻璃瓶颈中的蜡烛。外面下着雨。契诃夫身披一件大衣，冷得发抖，一边习惯性地用手轻轻掐着自己薄薄的胡须，一边倾听演员的对白。几天前他们开始排练《海鸥》，涅米罗维奇·丹钦柯希望能在初冬时节就把它搬上舞台。契诃夫为此犹豫了很长时间：他还没有忘记亚历山大剧院的失败经历。但两年已经过去了。他的病情非常危险，因此，某些东西已不再像从前那么重要了，包括那份刻骨铭心的痛苦……而且，他从来不知道如何说不。所以，《海鸥》将于今冬在莫斯科上演，不过它的作者将不会去观看：这里阴雨连绵，他不停咳嗽；他将出发前往南方，到他那流放地一般的雅尔塔，他称之为"温暖的西伯利亚"。也许，这样更好些……他对自己几出戏的某些演出仍保留着难堪的记忆。当他想起第一场《伊凡诺夫》和这部可怜的《海鸥》时，仍然会轻微颤抖……"他在戏剧上实在没有运气。"

他是否知道,他的妹妹玛丽曾专程找到斯坦尼斯拉夫斯基,"几乎是含着泪水",恳求他放弃这个演出计划,另找别的剧本?

"不能再冒险去尝试第二次的失败了,"她说,"他病得这样重……这会要了他的命。"

此外,《海鸥》的这次彩排令契诃夫不悦。扮演尼娜的年轻女孩在只应沉默和叹息的地方却用呼喊、哭泣。她没有维拉·康米萨尔热芙斯卡娅那种赤子般的纯朴。而且斯坦尼斯拉夫斯基在导演方面做出了大量的调整……观众可以听到青蛙呱呱,犬吠汪汪,铃声叮咚……这样有什么好?不过,当契诃夫出现的时候,那些演员们全都围着他,把他看作一个神。他在他们面前感到羞涩。一八九八年九月九日,《海鸥》的第一场彩排给他留下的印象不佳,他感到焦虑而为难。

今夜,他来看的并不是自己的戏。他们在表演的是《效忠沙皇》,阿列克谢·托尔斯泰的一出正剧。他饶有兴趣地看着、听着。这些演员很有天分。姑娘们都很漂亮。其中一个尤其令他喜欢。她饰演的角色是皇后伊莱娜。她表情生动,嗓音悦耳,"既高贵,又热忱"。她的名字叫奥莉加·克尼碧尔。这张显得聪慧的面庞以及薄薄的嘴唇,他在几天前就曾注意到,那是在《海鸥》的排练中;她的角色是女演员阿尔卡季娜,一个轻佻、虚荣、卖弄风情,但有时又显出温柔和忧伤的女人,她演绎得非常出色。今夜,她是可爱的。有时,听着她的声音,他会感到自己的喉咙不由地缩紧。

别人问他对这出戏有什么看法:非常好……伊莱娜尤其令他喜欢,他这样回答。他还笑着补充到,他若是留在莫斯科,他一定会爱上这个伊莱娜……但他第二天就离开了。

"伊莱娜",年轻的女演员奥莉加·列昂纳多夫娜·克尼碧尔,她自己在见到契诃夫时也感到了强烈的心灵颤动。这是一个主动、聪敏的女孩,很有天分,并热爱自己的工作。她的事业才刚刚起步。她出身良好,父亲是杰出的工程师,来自莱茵河畔的一个省。年轻的奥莉加并不是生来就投身舞台的。然而,她的父亲早逝,只留下大笔债务。一家人只得倾尽全力摆脱困境。母亲、两个舅舅以及孩子们一起住在莫斯科的一所小公寓里。她的母亲是位坚强能干、富有魅力的女性,负责教声乐,其中一个舅舅是医生,另一个是公务员。他们个个才华横溢,神采飞扬,生气勃勃。几年之后结识了这一家人的高尔基,在通信中把他们称为"疯狂的克尼碧尔一家子"。他们活泼而且暴躁,两个舅舅总是争执不休。吃饭的时间总是快乐而喧哗的。孩子们唱歌、朗诵。奥莉加·列昂纳多夫娜一开始教音乐课,然后进入涅米罗维奇·丹钦柯戏剧学校,现在她已经是这个备受期待的年轻剧团中的一分子了。

在莫斯科的小小寓所中,她在练习着自己的角色,与此同时,隔壁房间里,母亲的学生们在唱歌。"嚎叫。"她说。夜晚,一个舅舅高声朗读托尔斯泰、陀思妥耶夫斯基以及契诃夫。这会儿,这个安东·契诃夫就这样有血有肉地出现在她的面前;这会儿,正是她,从演技到本人都默默无闻的奥莉加·克尼碧尔,却牵动了作家的睡眠和幸福。这是多么奇妙,多么激动人心的事。也许也有人告诉过她,契诃夫欣赏她。而她,几乎立刻就爱上了他。

一八九八年十二月十七日,《海鸥》在莫斯科艺术剧院进行首场演出。这一天,奥莉加患了急性支气管炎,高烧三十九度。但她仍然坚持上台。到场的人很少。演员们感到自己肩头压着沉甸甸的责任。第一幕结束时,整个大厅沉默着,"坟墓一般寂静"。一个女演员晕了过去。"而我自己,"斯坦尼斯拉夫斯基写道,"我也只能是勉强支撑。"

我们知道,他们最终大获成功。

一八九九年春,安东·巴甫洛维奇回到莫斯科。他们专门为他演出了《海鸥》。那真是美妙的时光。奥莉加·克尼碧尔在冬天时就结识了玛丽·契诃夫,两个女人间结下了深厚的友谊。这位女演员被邀请到梅里霍沃乡间小住几日。契诃夫向这个年轻姑娘展露了曾令无数女人为之倾倒的风趣和温柔,而她……她等待着,期盼着,爱恋着。

维拉·康米萨尔热芙斯卡娅的一个劲敌曾给这位伟大而不幸的艺术家一个残酷的外号,叫"才华横溢的女帽商",这句幽默又恶毒的俏皮话是有事实依据的。奥莉加·克尼碧尔则恰恰与之相反。她不及维拉有才情,却比她聪明。尤其是,她是这样一位生气勃勃、刚毅果决的漂亮女人,性情温和的契诃夫在她身上找到了一种好斗的力量、青春的热情,以及对生活的爱,这些,都是令他喜欢的。她开朗快乐,知道怎样分忧解愁。她跟他说起她的同事,她的衣着打扮,说起"她刚刚吃过的色拉,由土豆、黄瓜、鲱鱼、西班牙洋葱以及小牛肉制成",而不只是谈论艺术和戏剧。她不止向他询问他的写作计划,还问及他的衣服是否刷理得当,他用餐时胃口可好,以及雅尔塔的花园里,那些刚种下的花草树木长势如何。她令他开怀。而且,她并不急着知道他们之间的关系该如何定调。在爱情刚刚开始的时候,女人总是多多少少会刻意依据她所爱之人的愿望来塑造自己的形象。她在各种不同的状态中尝试,就仿佛在一面镜子前试戴帽子,直到她的爱人发出声音:

"这顶很适合你。戴着它。"

奥莉加·克尼碧尔时不时地在风情、梦幻、伤感和不满足之间转换面貌。非常幸运的是,她很快就明白,契诃夫想要的并不是第二个海鸥,而是一个柔情蜜意的女人。

而她,只需继续充满热情保持对大作家的崇拜,就已格外博得这个病弱而孤独的男人的好感。

她在雅尔塔生活了一些时日,目睹了安东·巴甫洛维奇生活的不适与凄凉,他吃得很差,他的佣人都不管事,他的靴子没有打蜡,他的访客频频打断他的工作,但他又没有勇气闭门谢客。终于,她明白他需要一个妻子。不幸的是,年轻姑娘总是能首先意识到某些事情的那一方,而男人,往往后知后觉,有时,永远不觉。

作家与女演员一同前往莫斯科。直到巴赫奇萨拉伊的那段路程,他们都需乘坐汽车。正值八月,克里米亚半岛上无比美妙的季节。这片土地原始而可爱。里维埃拉在这里模糊了与亚洲之间的疆界。全新的白色别墅,建在玫瑰花田、松树林和荒弃的穆斯林墓地之间。他们看见海边一片片平房屋顶,那是鞑靼人的村庄,然后是现代酒店的高楼大厦,突兀地矗立在鞑靼山口和一座清真寺之间。水果丰美,空气纯净轻盈。夜晚,在波光粼粼的水面上,船舶点亮航灯。克里米亚半岛是令人难以忘怀的。契诃夫和奥莉加·克尼碧尔共同穿越科库兹山谷,一片浸在蓝色光影中的幽谷(科库兹在鞑靼语中的意思是"蓝眼睛")。他们轻轻地说话，抑或沉默不语。作家习惯性地开起玩笑，而这位年轻的女士则温婉动人。他们交换了一个吻，没有再逾越更多。

契诃夫没有在莫斯科停留太久：他身体不适，必须离开。春天，莫斯科艺术剧团一行到克里米亚进行了几场相当成功的演出。契诃夫是多么热爱这样的生活，这些长长的交谈、水边的漫步、花园中的欢宴，而陪伴左右的，尽是聪明的男人和优雅的年轻女士！他是多么热爱戏剧！……对他而言，奥莉加正是这种光鲜自由的生活状态的化身，而他是被排除在外的。他又一次想要离开雅尔塔。他感到好多了，年轻了，甚至痊愈了。但又一次，他无法在莫斯科多待几日。

三十一

而艺术剧团迎来了空前的成功。一八九九年初冬,观众们从凌晨一点钟起就在大街上等待售票口的开放。第一天,排队的人数达到二千五百人之多,售出的门票达十六本。在莫斯科,人们的话题全是关于演出。他们上演莎士比亚剧,上演阿列克谢·托尔斯泰的《效忠沙皇》《伊凡雷帝之死》,上演契诃夫的《海鸥》以及他的新作《凡尼亚舅舅》,其中由奥莉加·克尼碧尔饰演伊莲娜。

《凡尼亚舅舅》已经在外省演出过,取得不大不小的成功。而此刻,在莫斯科,它大获全胜。高尔基看了之后写道:"我像女人似的哭了起来,尽管我绝非一个神经脆弱的男人。"

在雅尔塔的契诃夫一定是在心满意足地阅读对他这出戏的评论报道,等待着隔三差五的来信,以及思念着远方那位年轻的艺术家。她当下的生活是那么的快乐……那么此刻的契诃夫,他的生活又是如何呢?

"今夜,发生了一起火灾。我下了床,从露台上望着火焰,感到彻骨的孤独。"(一八九九年九月二十九日)

"我在生气。我嫉妒那躲在您舞台木板之下的小老鼠。"(一八九九年十月四日)

而她,则不安地询问究竟是戏还是女人令他如此懊恼。至少,在戏剧上,她认为自己必须竭尽所能为他服务。除夕之夜,《凡尼亚舅舅》第四幕结束后,在挤满了人的大厅里,传来一个无名氏的声音,他说:

"谨代表莫斯科的全体观众,向你们表示衷心的感谢,感谢你们让我们在戏剧中所感受和经历的一切……"

"我们全都动容了,不知所措。"奥莉加·克尼碧尔这样写道。

诚然,契诃夫倾慕这位艺术家。她知道,她也确信。但她渴望的是别的东西。有人告诉她,安东·巴甫洛维奇出国了。她写信道:

"这不可以,您明白吗?……"

他忘了她?

"不,不,这不可能。我不愿意。为了上帝的爱,写信吧,我等着,我等着!……"

但他们之间的一切都是不确定的,很微妙。一个吻,几句温柔的话,接着就是某种客气的友谊,令她十分不满。

"为什么您发脾气了呢?"契诃夫回复她的抱怨,"您在生活,在工作,在希冀……在欢笑……那么您还缺什么呢?而我,完全是另一回事。我是半入黄土的人。我没法尽情地生活。我爱喝酒,但我不能喝酒,我爱热闹,但我却听不到它。总之,我感到此刻自己的处境就如一棵被移植的树,犹豫着:是应该适应新的环境气候,还是就此枯槁憔悴。"(一九〇〇年二月十日)

她终于发火了。为什么他就不愿理解她呢?"那么您还缺什么呢?"这竟是一个男人提出的问题!"也许男人本身是不缺调情的。"她这样写道。但又一次,她气馁了,他仍用略带伤感的玩笑来回复她,她灰心丧气。

"在我周围,人们谈论着您的新戏,只有我,我什么都不知道,什么也不了解。大家一开始都不肯相信,直到我对所有的问

题都一脸无辜地耸耸肩说不知道。好了，但愿这就是您想了解的。哦！生活是多么无趣……"（一九〇〇年三月二十二日）

"您真是太不幸了"，契诃夫回复道，"但要相信，这样的情况不会太久，因为很快地，很快您就将登上火车，并且胃口大开地品尝美食。"

夏日临近。年轻的女士出发前往雅尔塔。

一九〇〇年六月三日："您近况如何？向您寄去我的情谊，并且问候玛莎和叶甫盖尼娅·雅科列夫娜（契诃夫的妹妹及母亲）。妈妈也向你们问好。奥莉加·克尼碧尔。"

一九〇〇年八月六日，塞瓦斯托波尔与哈尔科夫的对话：

"早上好，亲爱的！昨夜过得好吗？"

他们的情侣关系始于克里米亚，也许就是在维拉·康米萨尔热芙斯卡娅徒劳地试图诱惑契诃夫的古里索夫，也许是在雅尔塔的房子里。女演员来与作家幽会，在夜里，在他的工作室里，在所有人都睡着的时候。花园中，安东·巴甫洛维奇种下的金合欢正在抽出枝丫，"颀长而柔软"。"在气若游丝的微风中，它们若有所思地摆动身体，弯下腰来，在它们的动态中，有着某种奇妙的东西，某种不安与怀恋。"

契诃夫和奥莉加·列奥那多夫娜透过意大利式的大窗子，双双凝望着这月光下的一切。听得到海的喧嚣，以及微风吹过林梢的声响。马路上回荡着说话声和欢笑声，游客们正成群结队地走在美丽的夜色中。年轻人在山间点起了火把，沐浴在月亮的光辉下，他们的歌声一直飘到这所白房子中。契诃夫的母亲和妹妹在她们安静的小房间里熟睡已久……必须小心翼翼不要将她们吵醒。在自家屋檐下，和一个女演员发生的这一幕，一定会得罪她们的,安东·巴甫洛维奇这样想。奥莉加·克尼碧尔则认为两个女人早已经全猜到了……但,总之,他们轻声地说话,压低声音接吻和调笑。她是那么喜欢与契诃夫絮絮叨叨,在这些夜晚,她那些有趣的故事,她那些孩子气的举动(比如拆下自己的发髻,把头发披散在肩头扮演女巫),这一切都令作家感到有趣而动人。她花很长时间为他准备咖啡,然后一起品尝。然后,他们沉默下来。当夜晚结束,他一直送她到楼梯边,脚步声在黑暗中发出很大的声响。

可夏日飞逝,他们又要分别了。他没有开口说出她所期待的话语:他没有决定婚期。他在犹豫。他可以把她从剧院生生夺来吗?她不情愿如此,而他也太尊重他人的自由,以致无法要求这样的牺牲。那么,要是她留在剧院,而他,生着病,留在雅尔塔,这样的结合又算什么呢?孤独感再度来袭,这种"无喜无忧,得过且过"的生活缓缓流逝,空虚的日子里,惟一的前景就是死亡的逼近,而所谓的大事,就是一位女仰慕者相隔很久的来访,还有读报纸,以及夜晚、高烧。而她,在这些时间里,则在莫斯科继续跳舞"直至早晨五点半,穿着金色的舞裙,袒胸露背",被人们大献殷勤,阿谀赞美,她的生活是那么远,那么远离他!他并不是妒忌。他享受她的快乐、她的成功。然而,他毕竟是一个男人……他更希望他的情人只属于他一个人。当他到莫斯科小住几日,她无法如他所渴望的那样,为他付出全部的心思、全部的时间:"等我一抵达,我们就出发去彼得罗夫斯科耶·拉祖莫夫斯科耶(莫斯科郊外的一座公园)。但条件是可以去一整个白天,而且天气要晴朗,秋高气爽,而你,心情愉快,不会每时每刻都对我说,你必须赶去参加一场彩排。"(一九〇〇

年八月二十日）

"冬天，你就会忘记我是怎样一个男人，而我，我也将爱上另一个女子，我会遇到新的女人，与你相像的，而一切又将和曾经一样……"

"明天，母亲将去莫斯科，也许，我也立刻就要前往，尽管这样相当可笑。为什么去？为什么？为了我们能够相见，然后再一次分离？真可笑……"

有时，这个如此自控，如此节制情感的男人，也会难以自持地哀怨和责难：

"你冷漠得可怕，"他说，"大概女演员就是这样。别生气，亲爱的，我也只不过，说说而已……"

但她爱他，而且已下定决心将自己托付于他。在俄罗斯，大多情况下，都是女人对这些事情做出决定。而男人，性情温和、耽于幻想、消极被动的男人们，则自愿地把自己的生活交给伴侣全权打理。

她身旁所有的人都知道或是猜到了他们之间的罗曼蒂克。安东·巴甫洛维奇给妹妹写信时还拘谨客套地说："代我向奥莉加·列奥那多夫娜问好。"

"我们俩都笑起来了，"奥莉加回答，"啊！你真是个大孩子……"

但有时候，她会担忧。他很少写信。他不想再见她了吗？他在对她掩藏什么？他究竟是不是真的再度出发去了国外？为什么？他不准备到莫斯科来几天吗？最近的天气很不错。她像所有女人那样提出了成百上千的问题，但却拒绝回答契诃夫惟一的提问（事实上，他还从未明说过），但在书信的字里行间，这个问题已经很明显:她是否有朝一日可以只属于他,还是要永远地在他和戏剧之间分身乏术?

而她,则施展女性特有的美丽谎言,故作惊讶地叫起来:

"可你的心那么温柔可亲、含情脉脉,为何要让它变得如此坚硬?"

契诃夫无法忍受一切诸如此类的争执、辩解以及对话,争论的双方往往徒劳地努力呈现自己的想法,却从来无法完全地实现它,最后精疲力竭地发现,其实彼此都从未抵达过对方的灵魂。与其如此,不如放弃,不如沉默。

他悲哀地写下这封可爱的信:

"雅尔塔总是不下雨。闹干旱呢!可怜的树,尤其是在山这一头的,整个夏天都喝不到一滴雨水,此时它们都枯黄了。同样呢,也有一些人,他们终其一生都不曾尝到幸福的水滴。也许,这是注定的。"(一九〇〇年九月二十七日)

生活在继续,他想。奥莉加来了又走,如此往复。他从来没有拥有真正意义上的家。也许,这是注定的?

当他再一次邀请她来雅尔塔的时候,她愤怒地拒绝了。她不愿再继续当他的情人,三更半夜偷偷摸摸地去会他——"这不可能,你有那样一颗洞察入微的心灵,而你也需要我!难道你真的会不明白吗?"(一九〇一年三月三日)她坦言无法去面对年老的契诃夫太太忧伤的目光和玛丽震惊的表情。"你应该记得这个夏天我们曾是多么不堪重负,备受煎熬。我们要躲躲藏藏到什么时候?为什么要这样?……我觉得你对我冷淡了,你不再像从前那么爱我了。只有我去你那里,围着你转你才高兴,这就是全部。你并没有把我看做身边人。"

然而，她的戏剧生活仍在继续。她在莫斯科演出，并前往圣彼得堡巡演。

那是在一九〇一年三月。首都发生暴乱。喀山大教堂前，众目睽睽之下，哥萨克部队挥鞭袭击人群。一些大学生、一些年轻姑娘遇害或是受伤。在其他大城市，流血事件也不断发生。其时，奥莉加·克尼碧尔身着一袭窄口花边领的黑色天鹅绒长裙，与莫斯科艺术剧团一行人在康坦特餐厅吃晚饭。整个彼得堡兴致勃勃地谈论着斯坦尼斯拉夫斯基的导演，易卜生的剧本，以及契诃夫的新剧：《三姐妹》。

三十二

"要是你能向我保证,直到我们结完婚后,莫斯科才会有人知道这件事,那么我一到那里就娶你,只要你愿意。我实在害怕婚礼,我也不知道为什么,就是恐惧那些喜庆祝贺,恐惧手握着喷射的香槟,还要夸张地保持微笑。"(一九〇一年四月十九日,星期四)

如此一来,这个年轻姑娘所有曾有过的想象和担忧(契诃夫的骤然冷漠、无数的隔阂误解、千百遍的空想),所有的一切都归结于一点:男人的羞怯和害臊。她笑了,她又一次觉得,也许他不过只是个大孩子,于是便接受了他所有的要求。事实上,婚礼办得像一场秘密仪式,连契诃夫最亲近的亲人都不知道。他的弟弟伊凡·巴甫洛维奇正好在婚礼那天去看他,竟什么都没猜到。一九〇一年五月二十五日星期五,在莫斯科的一所小教堂里,作家和女演员结为夫妻,现场只有四名按规定出席的证人。他俩短暂拜访了奥莉加·列奥那多夫娜的母亲,做母亲的甚至没敢留他们吃晚饭,因为担心契诃夫会不高兴。之后,他们立即出发前往下诺夫哥罗德和伏尔加河沿岸。在莫斯科,医生们不能放心安东·巴甫洛维奇的健康状况,给他开了马奶治疗法。这种疗法似乎在世纪之初的俄罗斯很流行。我们知道,托尔斯泰有时也使用类似的治疗措施。

契诃夫和妻子在伏尔加河岸边的一所疗养院度过春天,而后又出发去了雅尔塔。但他们无法长相厮守:秋天来了,演出季也开始了。奥莉加·克尼碧尔抛下留在克里米亚半岛的丈夫,再度前往莫斯科。

一种奇怪的生活就这样开始，她在两个爱人之间备受折磨。无止无休的分离、懊悔、误解以及虚幻的期盼，还有抱怨。至于契诃夫，更有一阵又一阵的寂寞。

婚姻之初，他曾写信给奥莉加·列奥那多夫娜：

"咳嗽带走了我的全部气力……你自己考虑考虑未来吧。来当一个女主人，你怎样说，我就怎样做。"

诚然，他爱她身上的热情和活力，也许，还有她那女人味十足的优雅外表下所隐藏着的几分男性化的冷漠无情。她经常哭，她"神经脆弱"。她说惟有他能够安慰她，惟有他才能使她平息下来，她说她需要他。但事实上，他不得不看清的现实是，她没有他照样过得很好。他能给她提供一种怎样的生活呢？在悲戚戚、灰蒙蒙的雅尔塔照看病人？让她这样一个有能力工作、旅行、娱乐、学习，总而言之，一个能够生活的女子来当看护？全然别样的生活对她而言无疑是一种牺牲，而他不愿意要求他人作出牺牲。对一个拉丁女子而言，问题会简单得多，但她是一个北欧女子：为男人献出全部身心对她来说是很难做到的，而在契诃夫看来，这样的馈赠也显得不可思议、野蛮原始。她与他一样，是一个人。她应该充分地体验人生，而他……"也许，我命该如此。"他说。

他甚少抱怨，即使抱怨，也是极其审慎，极其柔和："没有你，我感到百无聊赖。我已经习惯了你在身边，就如同小时候……"（一九〇一年八月二十四日）"我爱你，没有你的日子很无趣，你是我的欢乐，我的小德国女郎，我的小宝贝。你的第二封信已明显简短了许多，我很害怕你会对我越来越冷淡，抑或，

你会习惯没有我在身边。"(一九〇一年八月二十七日)

"我疯狂地想要见到我的妻子。远离她,远离莫斯科,我的心惆怅彷徨,但却什么也做不了。我想念你,我几乎每个小时都在想着你。我爱你,我的甜心……"(一九〇一年十一月十五日)

她也同样痛苦难耐。她爱他,怀着焦灼的柔情,也怀着满满的愧疚。当他们在一起的时候,在夏季,或是在克里米亚和莫斯科短暂相会时,他们过得那么和谐,那么安宁……她把他照顾得无微不至,细致安排他的起居饮食。她不在的时候,饭菜总是很糟,炉子也不添柴,佣人们消极怠工。安东·巴甫洛维奇的母亲和一个年老的女仆照顾他,但她俩一个七十岁,另一个八十了。她们费尽力气也仅只能令他稍稍舒服一点。的确,契诃夫需要有妻子照顾,而她,想到病中孤独的作家,想到他那"亲爱的温柔的面容",那"迷人的、充满爱意的双眼",就忧伤不已。于是,她写信说:

"我想要与你在一起。我痛骂自己没有放弃舞台。我没法理解自己到底是怎么回事,这真让我生气……一想到你一个人在那里,想到你在难过、在烦恼,而我,我却在这里为着昙花一现的活计忙忙碌碌,而不是全身心地献给自己的爱人,我就感到无比难受。"

她给他写了这样的信,但当他作出赞同的样子("你想要放弃戏剧了?这是真的吗?"),她就立刻回信说:

"没有工作,我会彻底地觉得无聊。我会漫无目的地四下徘徊,随便什么都会令我恼火。我已经不能习惯无所事事的生活,我已经不年轻了,我无法顷刻间去打碎我通过辛苦付出所得到的生活。"

这些，是发自内心的呼喊。对于一个充满活力、才华横溢的女人而言，要放弃自己合情合理的抱负，真的太难了。契诃夫理解这一点，从此之后，他不再发出任何牢骚。甚而，他以他那非凡高贵的灵魂，倾尽自己所能地去鼓励她，抚慰她，向她表明，她并没有过错：

"你我不能在一起生活，不是你的错，也不是我的错，只怪那魔鬼在我的身上注下病毒，而在你身上注下了对艺术的爱。"

就这样，他们的生活继续着。奥莉加·克尼碧尔要么在莫斯科，要么在圣彼得堡。戏剧的成功，艰辛却成果丰富的劳动，来自赫赫有名的男士以及光彩照人的女士们的友谊：这些构成了这位年轻女演员的幸福际遇。这一季，他们演出的是马克西姆·高尔基的处女作，大家都热衷于这位新晋作家。人们谈论着易卜生和苏德曼。一些老奸巨猾的老官员们，听到《凡尼亚舅舅》或是《三姐妹》的申诉时，竟也会泪流满面。在莫斯科！在莫斯科！一场场的舞会，演出后的夜宵，无数的鲜花，无数的欢庆！奥莉加·列奥那夫娜受到了大家一致的热烈欢迎，为她本人，为她自身的才华，而不仅因为她是安东·巴甫洛维奇的妻子。她被称为是一位聪慧而杰出的女演员。无论是高尔基笔下的"社会底层"，还是衣着入时的上流女人，她演起角色来都得心应手，轻松自如。她时而（却始终热情不减地）穿着流浪者的破烂衣衫，时而化作社交场上的红裙女郎，出现在涅米罗维奇·丹钦柯的戏剧里。在这部戏剧里，导演拨给她一千二百卢布作为着装费用。（"在第二幕，我将身着火焰一般艳光四射的红色舞裙，上面镶满了闪闪发光的亮片。"）艺术剧团的演员们并非生活在一个孤立的圈子里，兴趣仅仅限于舞台。他们走到哪里都受到热烈欢迎和盛情款待。他们在沙皇面前表演，他们也赢得来自穷学生、贵族、高官、富商们的掌声。整个俄罗斯都认识这些演员，他们沐浴在歌功颂德的空气中。

"艺术剧院，"高尔基写道，"其漂亮及重要程度都已与特列季亚科夫画廊、圣瓦西里升天大教堂，以及莫斯科最杰出的一切不相上下。"

这支年轻的剧团了解人们对它的期望以及它所代表的骄傲。每一次的胜利，都给它带来新的力量。而每一次的失误，不是把它击倒，而是激发它的斗志。时间过得多么飞快啊！排练是长久而细致的。整个准备工作都充满快乐和激情。没有名角儿，全靠群策群力，忘我奉献，共同工作，不计得失，这一切都使戏剧艺术变得理想化，变得崇高。在奥莉加·克尼碧尔的信中，极少会提到酬金，从未见宣传，也几乎没有嫉妒和诡计的存在。对工作狂热的爱使她充满活力。在工作之余，消闲娱乐也在她的生活中占据重要的位置。有时是在朋友们家吃夜宵（"菜肴很丰盛：小蘑菇、鲱鱼、冷盘、入口即化的美味小馅饼、鲟鱼、猪肉、蔬菜，还有巧克力冰淇淋。"）有时候演员们凑在一起为自己和朋友们作一场表演（"我们演婚礼直到凌晨四点，简直是疯了……我还玩猫抓老鼠的游戏。"）有时候他们在奥莉加·克尼碧尔家聚首（"公寓里一片狼藉。我们畅饮，我们大吃，我们唱歌，我们跳舞。"）还有，圣诞树，以及一直延续到早上十点的夜宵，因为直到快七点的时候，一直情绪恶劣的夏里亚宾才突然消了气，开始唱起茨冈人的抒情曲。

"你玩得很开心，我亲爱的。"安东·巴甫洛维奇写道。而她则反驳道：

"你把我们这些天的发疯称作玩?瞧瞧啊,我的朋友!"

事实上,这些对于她而言,是日复一日的家常便饭。她对放弃这些娱乐、追随在丈夫身旁一刻也未曾犹豫。把她留住的,是"贪得无厌的戏剧"。

而契诃夫也自己描述了生活的状况:他连日咳血,但现在好些了。尤其是,请他年轻的妻子不要担心。他正在做药敷,又笨重又不方便。雅尔塔没有奶油;医生们都叮嘱他多吃东西;他已经尽全力了,但有时实在是一点胃口也没有。他逮到过两只老鼠。谁敢说他什么事情也没做?下雨了,天很冷。

他有见客人吗?有,而且太多。"一个朋友刚来向我借六百卢布,借到星期五。他们总是来向我借钱'借到星期五'。"他妻子不能过来陪他两三天吗?不能?这不可能?真可惜!也许她圣诞节会来?也不?她还有新戏要排?她的日程全都排满了?她很抱歉给他带来痛苦。他在等待她吗?可怜的安东!但是不:"我并不期待你来共度节日,别到这里来,我的小亲亲",他写信说,"工作吧,我们还有时间生活在一起。我为你祈福,我的小姑娘。"也许她准备在封斋期的第一周去看他吧?

啊,贪得无厌的戏剧!的确,她从剧院抽身出四五天,她来了,她把家打理得像个样子了。她紧挨着他坐在人扶手椅上,或是跪在他的脚边。她给他讲戏剧,给他唱最爱的抒情曲。她又离开了。他独自留在这里。他坐在长椅上,在阳光下,在他喜爱的动物中间,狗在吠,鹳则发出嘶哑奇怪的叫声。他们修剪玫瑰花枝,但这令他十分疲劳,他感到气喘吁吁,只好又一次拖着病体回到长椅上。

他写道:"上帝与你同在。祝你开心并且健康,我的小孩子。给你讨厌的丈夫写长些的信吧。当你发脾气,当你变得年老,变得平凡,当你光彩照人抑或荆钗布裙,你都是一个天使。"(一九〇一年十二月十五日)

她会喝酒跳舞直到早晨八点:"你知道么,我是多么羡慕你!我羡慕你的勇敢、你的朝气、你的健康、你的性情……""我像僧侣一样生活,我的梦里只有你一个……"

是的,这是一对罕有的夫妇,爱情存在于双方之间,毫无疑问,两头都同样深情,同样炽热。但与通常情况相反的是,这回是男方为了伴侣牺牲自己的幸福,而女方则接受这样的牺牲。但这种角色的颠倒显然超出了常理,令奥莉加·克尼碧尔的内心针刺般地愧疚,她从未能彻底地感到幸福。

他们极少谈论是什么将他们分开。说那些有什么好处!随着他一天天衰老,作家变得越来越有所保留、有所节制。他既不愿抱怨,甚至也不解释他想要的是什么。所有的话语都那么虚假。没有人能理解他人。尤其应该避免喋喋不休、道德教化和夸夸其谈。全都是没用的。我们孤独地死去,正如我们孤独地活着。沉默是金。应该全盘接受并默默地服从。"忍受,并且沉默……无论别人说什么,无论你觉得怎样,都沉默再沉默……"

他倾尽全力地想做到从容、超脱。但这并不容易。他坚持想抓住很多东西:戏剧和书的成功,他的妻子,他的健康,他的生活。但一切都将一点一点地,离他远去。

他躺在自己的工作室里,发着高烧,叹息着:

"活着就是为了死去,这还不算太可笑。但活着时就知道自己会早早死去,实在是糟透了……"

生活没有任何意义。至少,人自己是不可能为生活找到一个意义的；它超出了人的理性。人只能对自身，对自己的灵魂具有力量。执著地付出忍耐、谦恭、庄重、冷静，才得以重塑自己的心灵。也许，只有这一点，是契诃夫所能确定的东西。

他是多么讨厌雅尔塔！克里米亚是美丽的，但这座城市，这座"既有欧洲风情又具小布尔乔亚气息"的城市仿佛一个集市。"一座座匣子般的酒店大厦，装着奄奄一息的肺病患者、嘴脸蛮横的鞑靼人……香料商店的气味，代替了雪松和大海的芬芳。"雅尔塔始终不讨他喜欢。如今，它简直令他憎恶。他是多么想逃离它！三姐妹曾反复吟叹："啊，莫斯科！啊，莫斯科！"这分明就是契诃夫自己的心声。莫斯科的钟声，莫斯科冰冷的空气，莫斯科的雪橇，一切都令他想念不已。而莫斯科，还意味着生活、戏剧、爱情！在这里，他漫无目的地沿着海岸闲走。这是一个瘦削的男人，步履轻轻，目光温和，甚至有些女性的柔情。起了皱纹的脸庞显得忧郁，头发永远太长，胡子蓬乱。一些年轻姑娘爱慕地注视着他。他在雅尔塔尘土飞扬的大街边盖了一座白色的小楼。他和母亲住在那里。屋子里总是静悄悄、冷飕飕的。每当夜幕降临，他的案头就亮起两只蜡烛。有时，他整天都一动不动地待在扶手椅里，闭着眼睛。他的老母亲一边踌躇，一边叹气（她知道他不喜欢谈及他的健康问题），而后终于忍不住，走近他身旁，怯怯地问道：

"你不舒服，安托沙？"

他回答：

"我？不，没事。我只是有点头痛。"

当他觉得好一些，他走进花园，望着不远处，阳光下的鞑靼人墓地。是否有那么些时候，他会想起他曾经轻率许下的誓愿：

"……如果幸福日复一日,每个早晨都相同,那我会受不了的。我保证成为一个出色的丈夫,但请给我一个月亮般的妻子,不会每天都出现在我的地平线上。"(给苏沃林的信,一八九五年)

三十三

契诃夫写了《樱桃园》。他想创作一出轻松欢快、通俗滑稽的戏，也许是为了将自己从生活的悲哀中挣脱出来。也不知为什么，渐渐地，《樱桃园》却成了一部悲剧。每个人都在其中嗅到了死亡的气息。被契诃夫搬上舞台的是没落的贵族们，一个遭到毁灭的可爱群体，一群哀怨、温顺、不设防的灵魂。我们在《樱桃园》中看到了巴伯基诺的记忆，看到了乌克兰林特瓦列夫家的房子，听到了夜的回声，还有流逝的年华、消失的面容，很大一部分都来自契诃夫的青年时代。他说，他所能描写的，惟有过去："主题必须从我的记忆中过滤而来，其中留下来的，都是重要或典型的东西。"如今他生活在远离俄罗斯乡村的地方，乡村在他眼中有了新的模样。很自然，《樱桃园》是写给莫斯科艺术剧院的。这一年（一九〇三至一九〇四年），医生们终于允许契诃夫离开雅尔塔。他很快乐。他终于可以再度置身于他所爱的冰雪天地了。看着身上的皮袄和头顶的毛皮软帽，他就像孩子一样兴高采烈。

"似乎，"奥莉加·克尼碧尔写道，"命运似乎决定垂爱他，总算在短暂的一季里，给予他所珍爱的一切……莫斯科、冬天和剧院！"

《樱桃园》大获成功。契诃夫三部广受欢迎的戏剧（莫斯科剧院的《海鸥》还有《凡尼亚舅舅》和《三姐妹》）都是在作者不在场的情况下开始了它们的舞台生涯。而他所见证的却都是失败的经验。然而，这一年，命运明显地对他宽厚仁慈起来。观众们在《樱桃园》的最后一幕,看到一个虚弱而苍白的男人走上了舞台:安东·契诃夫。他"格外专注,格外认真地"听着如潮水般涌向自己的欢呼声。他们崇拜作家,他们尊敬人本身。他们不是仅仅把他当成"俄罗斯的莫泊桑",而是把他看作一个带着尊严和勇气生活着的人,并为之喝彩。人们传诵着他是怎样在传染病蔓延梅里霍沃的时候照顾乡民,他是怎样帮助(他自己却穷困潦倒)雅尔塔所有不幸的人,所有肺病患者。人们尤其喜欢低声重复着他在致科学院辞呈中的字句。不久前,他和马克西姆·高尔基一起入选科学院,但沙皇以政治原因废除了高尔基的当选资格,于是契诃夫也就拒绝名列院士当中。在今晚热烈欢迎他的掌声中,有一部分是附庸风雅,一部分是哗众取宠,也许还有人向他投来犀利而严肃的目光,毫无疑问,契诃夫都能感觉得到。他不会被蒙骗。"他仿佛从极高的地方,像盘旋的飞鸟,凝望着骚动的人群。"但在这烟雾缭绕的浮华荣光中,仍然有着那么一份纯真的、本质的尊重和爱,这令他感到幸福。他几乎无法坚持站立。有人叫起来:"快坐下!请您休息,安东·巴甫洛维奇!"

他拒绝了。人们几乎是强制他坐上了大扶手椅,然后连人带椅抬上舞台。此刻的他看上去更加脆弱,更加苍白了。大家都知道,他们面对着的,是一个被疾病判了死刑的人。这是一九〇四年一月十七日。正是在四十四年前的这一天,在塔甘罗格一户贫穷的人家,一个杂货铺店主的儿子出生了。也许,他想起了遥远的童年,也许,他想到了逼近的死亡。

初夏,他与妻子结伴前往巴登维勒。这是德国的一座水城,阳光明亮,空气清新,被黑森林所环绕。他在柏林度过了几天,德国的医生发现他的心脏出现了疲劳的迹象。至于肺,它们已经严重腐蚀。他只能再活六到八个月，无法再拖了。尽管如此，奥莉加·列奥那多夫娜并没有完全放弃希望。契诃夫自己也度过了心情愉快、身体状况相对良好的一段日子，他制定了工作和旅行的计划。然而，一离开柏林，他就立据将属于自己的一笔财产拨至妻子名下。受其嘱托的朋友对此表示惊诧，问他这样做的原因。契诃夫犹豫片刻，答道：

"没什么，"他轻轻耸耸肩，"以防万一而已。"

他找了一家舒适的旅店，四周是美丽的花园。他的房间直到晚上七点前都一直能享受阳光照射。他在阳台坐下来，望着城市、行人和远处的群山。他呼吸困难，病痛发作。他一言不发，可有时，却会有一丝狡黠的神情，掠过他那因高烧而日益枯槁的脸庞。他讲喜剧故事，那种极具契诃夫特色的、温情而轻盈的喜剧，常常令奥莉加·列奥那多夫娜笑出眼泪来。随着死亡的逼近，他变得越来越平静、耐心和温柔，也越来越疏离、飘远，不知不觉地退隐到自身当中，重新回到了心灵深处那座孤独的小岛上。而后，突如其来地，在一个七月的暖日，他感到剧烈不适。一连三天大家都在为他的生命担忧，终于，他似乎恢复过来。心脏仍在跳动。夜幕降临时，他对妻子说他感觉好多了。

"你去散散步吧，去花园里走走。"他虚弱地喃喃道。

她没有离开他：她害怕。然而他一直坚持。于是她到花园中去了，当她回来的时候，她发现他情绪焦虑。她怎么不吃饭？她一定饿了。直到生命的最后一分钟，他关心她都超过关心自己。但他们谁也没有听到晚饭的打铃声。奥莉加·列奥那多夫娜在契诃夫床边的小沙发椅上躺下来。她默默无言，忧伤又疲惫，"尽管如此，"她后来回忆道，"我丝毫没有料到，终点已经如此临近。"

为了给她排解忧愁，安东·巴甫洛维奇开始虚构一篇小小说，"描写一座优美宜人的水城，有着许许多多体型肥胖的洗澡者，饱食终日，身体健康，还特别爱吃，都是些英国人或者美国人，面色红润……而当他们统统回到家里，想着能好好吃上一顿晚餐，却发现厨子跑了"。那么这些养尊处优的人们面对突如其来的变故时作何反应呢？他说啊说啊，奥莉加·列奥那多夫娜一边听，一边笑。夜深了。渐渐地，旅店、小城都在层层森林和群山的环抱中平静下来，幽幽入梦。病人沉默了。几个小时后，他把妻子唤至身畔，叫她去找医生来。"这是他生平第一次，"奥莉加·列奥那多夫娜说，"第一次自己要求见医生。"

旅店里住满了人，但大家都睡了。契诃夫的妻子置身于无动于衷的人群当中，感到更加无助，更加孤独。她想起附近住着两名俄罗斯大学生。她叫醒他们。其中一个跑去找医生，而奥莉加·列奥那多夫娜打碎冰块，将它放在濒死病人的胸口。他轻轻地推开了：

"没人把冰块放在空洞的心口……"

这是一个闷热的七月夜晚。他们打开了所有的窗户，但病人仍然呼吸困难。医生们给他注射了一针樟脑油，仍无法恢复心跳。到尽头了。有人拿来了香槟。"安东·巴甫洛维奇，"奥莉加·列奥那多夫娜写道，"他仿佛受到某种重力地拉扯，十分艰难地坐起，高声用德语（他的德语说得很差）对医生说：'我要死了。'然后他握起酒杯，把脸转向我，努力给出他最好的笑容，说：'我太久太久没有喝香槟了。'他平静地一饮而尽，然后轻轻地往左侧躺下。"

正当此刻，一只巨大的黑色夜蝴蝶飞进了屋内。它从一面墙飞向另一面墙，然后一头扑向点燃的油灯，缓缓地坠落，带着燃烧的翅膀，再度飞起，盲目而宿命。而后，它找到了敞开的窗户，飞向温柔的夜，消失在黑暗中。而契诃夫，停止言语，停止呼吸，停止了生命。

尾声

岁月流逝。俄罗斯经历了日俄战争,战败,以及一九〇五年革命。此时,是一九一四年,又一场更为恐怖的战争来临,第二次的战败,和一场更为残酷的革命也正在逼近。

马克西姆·高尔基此时住在芬兰,生着病。一天夜里,他回忆起逝去十年的朋友契诃夫。他写道:

> 我已经连续五天高烧,但我还是不想入眠。芬兰灰蒙蒙的细雨给大地蒙上一层潮湿的尘土。大炮对着朱诺堡轰炸……夜里,探照灯伸长舌头舔着云朵……这样的景象是恐怖的,它让人无法忘记施展这场巫术的妖魔:战争。
>
> 我刚刚在读契诃夫。他若不是在十年前去世,如今也可能死于战火。他的心中将充溢着人类的仇恨,早早死在战争的毒手之下。我想起了他的葬礼。
>
> 这个受到莫斯科"温柔爱戴"的作家,棺材被放在一节绿皮车厢里,车门上用硕大的字母标记着:"牡蛎"。人群中有一部分人,稀稀落落地聚集在火车站,却是因为错认为这是从满洲运回的凯勒尔将军的棺材。于是他们吃惊地看着人们在军乐声中给契诃夫送葬。当他们终于明白是自己弄错了的时候,一些乐天派开始微笑,而后傻笑起来。在契诃夫的棺材后面,缓缓前行着一小拨人——如此而已。我尤其记得有两个律师,都穿着崭新的皮鞋,戴着鲜艳的领带——好像刚刚订婚。我走在他们后面,听到其中一个,

瓦西里·阿·马克拉科夫，正在谈论狗的智力，另一个我不认识，正在炫耀着自己的别墅如何舒服，附近的风景如丽。一个穿着何美紫色长裙的贵妇，撑着花边小洋伞，正试图说服身旁那个戴老花眼镜的小老头："啊！他真的非常非常地亲切，而且那么幽默！"老头从喉头发出一声咳嗽以示怀疑。天气闷热，尘土飞扬。一个肥硕的宪兵骑着一匹肥硕的马，趾高气昂地走到了队列的前面。

然而，在无动于衷的人群里，契诃夫的妻子和母亲紧紧地偎依着，相互搀扶。在这个世界上的所有人当中，契诃夫曾经真正深爱过的，惟有她们俩。